项目名称及编号：国家社会科学基金青年项目"经贸环境网络中的跨国供应风险传导及我国对策研究"（22CJY005）、年项目"种业振兴视域下知识产权保护驱动山东种业科技创（ZR2023QG021）、山东省高等学校青创科技支持计划（2023）

# 知识产权保护与
# 植物类农产品贸易

张琳琛◎著

经济管理出版社
ECONOMY & MANAGEMENT PUBLISHING HOUSE

**图书在版编目（CIP）数据**

知识产权保护与植物类农产品贸易 / 张琳琛著.

北京 : 经济管理出版社，2024. -- ISBN 978-7-5243
-0192-9

Ⅰ. D923. 404；F752. 652

中国国家版本馆 CIP 数据核字第 2025JQ4084 号


组稿编辑：张馨予
责任编辑：张馨予
责任印制：张莉琼
责任校对：陈　颖


出版发行：经济管理出版社
　　　　　（北京市海淀区北蜂窝 8 号中雅大厦 A 座 11 层　100038）
网　　　址：www. E-mp. com. cn
电　　　话：（010）51915602
印　　　刷：唐山玺诚印务有限公司
经　　　销：新华书店
开　　　本：720mm×1000mm/16
印　　　张：12. 25
字　　　数：194 千字
版　　　次：2025 年 3 月第 1 版　　2025 年 3 月第 1 次印刷
书　　　号：ISBN 978-7-5243-0192-9
定　　　价：98. 00 元

# 前　言

　　国际农产品贸易的产生源于消费者需求的多样性和各国农业资源禀赋的异质性分布。随着生物科学技术的进步以及私营育种研发部门的兴起，植物品种优势也日益成为农产品贸易的重要驱动力，这意味着国际农产品贸易由以资源禀赋为核心驱动向以生物创新为核心驱动要素的体系转换。在此背景下，农业领域内知识产权保护制度建设越发受到重视，加强农业知识产权保护可以保障跨国企业的育种创新成果和贸易利益，有效协调和规范国际农产品贸易市场。事实上，农业领域内知识产权保护制度的建设经历了渐进的历史变迁并不断完善。随着《国际植物新品种保护公约》（UPOV 公约）和《与贸易有关的知识产权保护协定》（TRIPs 协定）的推行，农业领域内的专利保护系统和植物新品种保护系统不断进行协同建设和适时调整，两者的保护范畴和保护形式愈发明确，这在一定程度上引导着全球植物类农产品生产和贸易结构的调整。然而，农业知识产权保护作为协调植物类农产品贸易发展的制度因素却未得到足够的重视。

　　本书在系统阐述和评估农业领域内知识产权保护强度演变趋势的基础上，深入剖析了知识产权保护影响植物类农产品贸易的机制和作用渠道，并通过构建指标量化体系和经验研究框架解析了知识产权保护对植物类农产品贸易规模、贸易边际、产品质量和贸易依赖网络演化等多个维度的影响效应。本书的研究内容主要分为以下五个部分：第一，厘清了农业知识产权保护制度的演化历程，全面解析了法律制度设计和实施过程中的诸多争议，准确评估了世界各国的农业知识产权保护强度；第二，聚焦于农业知识产权保护对世界植物类农产品贸易规模变化的影响，从理论层面解析了双向农业知识产权保护影响植物类农产品贸易的作用机制，并进一步基于跨国层面贸易数据进行了实证检验；第三，聚焦于农业知识产权保护对中国植物类农产品贸易规模变化的影响，结合中国植物类农产品出口贸易的特点以及南北国家间的贸易竞争格局，并通过构建理论机制分析及经验研究框架，解析了农业知识产权保护对中国植物类农产品出口贸易的现实影响；第四，聚焦于农业知识产权保护对植物类农产品出口质量的影响，并通过构建理论模型、指标测度体系和经验研究框架，探讨了农业知识产权保护制度对建立农产品出口比较优势的作用；第五，聚焦于农业知识产权保护对植物类农产品贸易依赖网络的影响，定量评估了农业知识产权保护对国际农产品贸易依赖网络演化的影响效果，并进一步进行了机理解析和经验验证。

基于上述研究思路，本书的主要研究结论包括：

第一，在跨国样本的植物类农产品贸易规模研究中，出口方加强知识产权保护有利于促进植物类农产品出口贸易增长，主要体现为遵从 UPOV 公约、免除农民特权、扩大植物品种保护周期以及专利保护范围的创新激励作用；进口方知识产权保护会因加强市场势力效应而负向作用于农产品进口贸易，主要体现为遵从 UPOV 公约、免除育种者特权和扩大专利保护范围对贸易集约边际的抑制作用；贸易双方知识产权保护均有利于农产品双边贸易市场新联系的建立；异质性检验结果表明，发达国家从农业知识产权保护建设中受益更多，促进了其大多数植物类农产品行业的出口贸易增长，而发展中国家加强农业知识产权保护会抑制除水果类以外的多数行业的出口贸易，还会紧缩农产品进口贸易；进一步的检验结果表明，进口方加强知识产权保护更有利于发达国家的贸易市场挤入，进而挤出发展中国家的贸易市场份额，这会造成南北国家间的农产品贸易失衡。

第二，在中国样本的植物类农产品贸易规模研究中，进口国知识产权保护会对中国农产品出口贸易同时产生"跳板""屏障"效应，前者正向作用于贸易广度，后者抑制了贸易深度增长；采用不同类型的知识产权保护指标、制度距离以及比较优势检验，验证了知识产权保护的作用形式；异质性检验结果表明，知识产权保护的"跳板""屏障"效应在不同国家类型、中国加入 WTO 前后以及不同知识产权保护强度下存在显著差异；分行业回归检验结果表明，不同行业农产品贸易受发达国家和发展中国家知识产权保护影响的敏感程度不同，其均有利于中国部分果蔬类、植物提取物、烟草等行业的出口增长，但在更多的其他行业类型中会产生显著的抑制作用。

第三，有关植物类农产品出口质量的研究中，知识产权保护与农产品出口质量间存在倒"U"形的非线性关系；遵从 UPOV 公约、免除育种者特权、扩大植物品种保护周期和专利保护范围均会对农产品出口质量升级产生显著的积极影响，而免除农民特权对农产品出口质量升级表现出负向作用；国家异质性检验结果表明，知识产权保护与农产品出口质量的倒"U"形关系在发展中国家样本中更为明显；行业异质性检验结果表明，在园艺类和加工类农产品样本中，更严格的知识产权保护强度会对农产品出口质量升级产生显著的抑制作用，而在大宗类农产品样本中并无显著影响。

第四，有关植物类农产品贸易依赖网络的研究中，出口方加强知识产权保护不仅会阻碍农产品贸易依赖网络中新依赖关系的形成，还会提高旧依赖关系的解除概率，整体来说降低了国家间农产品贸易依赖程度；而进口方知识产权保护的影响效果则相反，其更有利于贸易依赖网络新关系的形成和旧关系的维持，进而加深国家间贸易依赖程度。进一步的机理解析结果表明，出口方与进口方知识产权保护分别形成了"推力""拉力"两股相斥的作用力。"推力"机制主要表现为出口方知识产权保护的质量提升效应、种类扩张效应和市场分散化效应，有助于促进农产品出口质量、产品种类、出口市场、贸易规模等多维度增长，进而降低国际农产品贸易集中度。"拉力"机制主要表现为进口方知识产权保护的市场势力效应和质量筛选效应，会降低农产品贸易深度流量并加速低质量产品退出贸易市场，进而提高国际农产品贸易集中度。

国际知识产权保护制度建设正在经历转型阶段，深入了解其制度变迁轨迹以及潜在的影响有助于推进发展中国家知识产权保护制度建设的赶超进程，这对正处于世界新一轮科技革命和产业变革关键时期的中国农业发展而言具有重要的实践指导意义。针对上述研究结论，本书对中国农业知识产权保护战略发展提出以下四点政策建议：要积极深化育种创新领域内知识产权保护制度变革；要不断加快农业知识产权国际化发展战略布局调整；要积极搭建国家或区域间产业联动和多边互惠机制；要努力促进农产品贸易网络多元化及多边主义发展。

# 目　录

# 第一章 绪论

## 一、研究背景和研究意义

### （一）研究背景

粮食安全自 20 世纪 70 年代提出以来，一直被认为是一国战略安全的重要组成部分。正如联合国粮食及农业组织（FAO）的数据显示，世界粮食供需仍处于紧张平衡状态且地域间的不平衡特征明显，目前仍有 8 亿多人口正面临着长期饥饿和营养不良的问题，尤其是南亚、中东和非洲撒哈拉以南等发展中国家和地区，粮食短缺现象十分严重。粮食安全问题受到多维因素的影响，包括人口增长、自然灾害、战争冲突、疾病等，这些因素的交叉作用会对全球区域间粮食供应系统产生巨大的冲击，进而可能最终演化为粮食危机（Conway and Toenniessen，1999；Godfray et al.，2010）[1-2]。对此，国际贸易在解决全球粮食供应和分配不均上发挥了重要作用，可有效缓解区域间不稳定因素造成的冲击（D'Odorico et al.，2014；Burkholz and Schweitzer，2019）[3-4]。数据表明，在过去的 30 年，谷类、果蔬等植物类农产品贸易增长翻了 1 倍之多，世界有近 52 亿人生活在粮食进口国（Dupas et al.，

2019)[5]。因此，如何有效提升全球农产品贸易流通已成为各国解决粮食安全问题和实现农业经济持续发展的共识。FAO（2014）[6] 对此强调，需要将粮食安全问题放在国际政治和经济研究议程的首位，并通过实施更好的政策为改善农产品贸易流通创造有利环境。

传统的农业生产大多集中于土地改良、机械化以及化肥、农药投入等集约化运作模式，这使在 19 世纪末和 20 世纪初时，世界农作物的单位产量增长一直处于停滞状态（Olmstead and Rhode，2008）[7]。直到 20 世纪中后期，杂交、诱变育种、分子标记辅助和基因工程等现代生物技术不断进步，农业生产模式发生了量变和质变的双重进化。由此延伸到贸易领域中，育种创新引致的植物品种优势日益成为驱动一国农产品贸易的核心竞争力，这意味着国际农产品贸易依赖网络由资源禀赋驱动向以生物创新为核心驱动要素的体系转换（Campi and Marco，2016；Campi，2017）[8-9]。尤其在生物科学技术快速发展的背景下，植物品种资源以及育种、育苗研发行为已成为一种生产力，是参与研发的国家、跨国企业的核心利益，谁掌握了新品种资源就意味着谁能在国际农产品市场获得先行者优势（陈超等，2012）[10]。然而，植物类农产品的创新成果也易受到模仿和复制的威胁，如非杂交的种子以及存在"自繁殖"能力的植物产品等（Wright and Pardey，2006）[11]。如果不加以有效的知识产权保护，不仅会阻碍植物新品种的出现，也会损害创新企业的贸易利益。因此，在国际农产品市场需求呈现多样化的背景下，农业领域内知识产权保护越发受到重视，保障跨国企业育种创新成果的贸易利益，有效协调和规范国际农产品贸易市场，也是实现生物遗传资源保护以及种业专利技术信息交流与合作的有效手段。遗憾的是，知识产权保护作为协调植物类农产品贸易发展的制度因素却未得到足够的重视。

事实上，农业领域内知识产权保护制度的建设经历了渐进的历史变迁并不断完善。最早可追溯到 1930 年美国的植物专利法，被认为是植物育种立法演变的开端（黄革生，1997）[12]。之后，1961 年通过的《国际植物新品种保护公约》（UPOV 公约），标志着农业知识产权保护国际协调制度正式建立。《国际植物新品种保护公约》先后通过了"1961/1972 法案""1978 法案"

"1991 法案"，每一次新法案的修订都提出了若干修正案，是成员国之间植物品种多样性保护的重要协调机制。但最初其成员国均为西欧、北美等发达国家，直到世界贸易组织（WTO）在 1994 年签署的《与贸易有关的知识产权协定》（以下简称 TRIPs 协定）开始生效，亚洲、非洲和拉丁美洲等发展中国家成员才陆续加入 UPOV 并承诺遵循 TRIPs 协定。TRIPs 协定对许多国家知识产权覆盖面和保护强度提出了更高的要求，规定各国必须建立有关植物创新专利或者有效的植物新品种保护制度（以下简称 PVP 制度，遵循 UPOV 公约内容）。随着 UPOV 公约和 TRIPs 协定的推行，世界各国农业领域内知识产权保护建设体系不断完善，这在一定程度上引导着全球植物类农产品生产和贸易结构的调整（Campi and Nuvolari，2015）[13]。

欧美等地的发达国家育种技术累积以及知识产权保护制度建设起步早且发展水平较高，因而植物育种领域的大多数知识产权控制在发达国家手中，尤其是在 TRIPs 协定后跨国种业集团的大规模兼并和重组，更是奠定了发达国家少数跨国企业的寡头垄断地位。随着全球知识产权保护协作体系的加深，以发达国家为首的各国纷纷确立植物新品种权发展战略，将其作为植物类农产品市场竞争甚至贸易保护的重要手段。凭借其拥有的核心生物技术、植物品种权优势，发达国家跨国巨头在后 TRIPs 时期"新自由主义农业政策"的主导下，不断支持本国农业垄断资本侵占国际市场，巩固了其在全球粮食生产和贸易体系中的主导地位，不仅如此，它们还掌握着制定农产品国际贸易规则的话语权（FAO，2012；Marchal et al.，2011）[14-15]。受制于农业知识产权布局的劣势地位，中国等发展中国家在"南北"贸易博弈中常处于劣势地位。

总而言之，UPOV 公约和 TRIPs 协定的推行推动了全球农业知识产权保护制度协作体系的形成，颠覆了传统的农业集约化生产和贸易竞争模式，形成了以育种创新为核心竞争的贸易竞争新格局。那么，农业知识产权保护对全球植物类农产品贸易的影响究竟如何？其对农业知识产权布局优劣势分化严重的南北国家间的影响有何差异？其对中国的影响如何？其对农产品出口质量的影响如何？其是否会影响全球农产品贸易依赖网络演化的进程？为回答上述问题，本书聚焦于农业知识产权保护对植物类农产品贸易的影响进行研究。

### （二）研究意义

#### 1. 理论价值

第一，农业领域内知识产权保护制度的建设起步晚、进度慢，且充满争议性。不同于工业制成品领域，植物创新产品作为承载生物遗传资源的复杂有机体，其私有化保护涉及遗传资源垄断性、公共健康利益和粮食安全等诸多问题，因而有必要就农业知识产权保护制度演进的特殊性以及潜在影响展开探讨。鉴于此，本书系统厘清了农业知识产权保护制度的演化历程以及实施过程中所产生的诸多争议，将知识产权法相关理论融入应用经济学的量化方法论中，突破了以往文献研究对农业领域内知识产权保护政策法规的认知不足、评估困难等难题。

第二，Maskus 和 Penubarti（1995）[16] 采用局部均衡模型开启了对知识产权保护的贸易效应研究，之后其他学者的研究大多基于其提出的"市场扩张""市场势力"效应展开，但局部均衡模型下的理论探讨均是以产权利益保护为前提，而忽视了全局角度下南北国家之间的均衡问题，尤其是对开放背景下南北国家竞争实力差距所带来的差异化影响缺乏研究。因此，本书将静态局部均衡和动态一般均衡理论纳入统一框架内展开分析，并结合国际植物类农产品贸易的市场特点，深入剖析农业知识产权保护影响植物类农产品贸易的理论逻辑，厘清南北国家知识产权实力差距所带来的影响效应差异，可以为我们探寻处于劣势地位的发展中国家的政策提升路径提供系统、全新的理论支持。

第三，知识产权保护对贸易的"双刃剑"影响特征饱受争议，但现有研究尚缺乏农业领域内的经验研究证据，这在一定程度上与农业相关法规和政策的评估困难有关。本书将知识产权保护的贸易影响效应研究拓展到农业领域中，系统检验了农业知识产权保护对植物类农产品贸易的影响效应，并进一步检验了其对新双边贸易联系、贸易边际的作用机制，以及在不同国家组合（南—北、南—南、北—北、中国—世界）、行业类型间的异质性影响特征。在此基础上，本书进一步构建了内生增长的质量阶梯模型和经验研究框架，探究了农业知识产权保护与植物类农产品出口质量间的非线性关系。本书的研究有助于我们理解农业知识产权保护制度演变对提升国家农产品比较优势的作用效果，为后 TRIPs 时期农业领域内更强的知识产权保护的贸易效应研究提供理论与实证依据。

第四，现有关于知识产权保护贸易影响效应的研究文献大多局限于传统的国家双边贸易视角，而忽视了全球农产品贸易的复杂网络结构。本书运用社会网络分析方法构建了植物类农产品贸易依赖网络，全面阐述了国际贸易依赖网络拓扑结构的形成与演化，并进一步采用前沿的时态指数随机模型（TERGM）及其分离的形成模型和解除（持续）模型（STERGM），系统评估了农业知识产权保护以及相关内外生因素对全球农产品贸易依赖网络的作用效果。本书有关植物类农产品贸易依赖网络的研究跳出了传统的国家双边贸易范畴，丰富和拓展了知识产权保护与农产品贸易的相关研究视角和经验证据。

2. 应用价值

第一，保障粮食安全是一个国家安身立命的根本所在。尽管在过去几十年，世界农业经济的发展取得了重大成就，但仍有许多发展中国家正面临着严峻的粮食危机问题。诚然，影响粮食安全的因素有很多，但政策导向对粮食安全的影响通常更为直接和深远，且经常充满争议性，尤其是当这一政策涉及更多国家参与和协调时更是如此。本书深入研究了农业知识产权保护制度的变迁轨迹以及潜在的贸易影响效应，这有助于我们正确认识知识产权保护政策对农产品贸易的关键作用，更好地构建更公平的知识产权保护协作体系，以提升农产品贸易的流通性，改善贸易依赖的问题，这对于平衡国际农产品贸易和粮食安全的关系十分重要。

第二，国际农业知识产权保护制度建设正在经历转型阶段，然而 UPOV 和 TRIPs 协定所倡导的知识产权平等性却并没有考虑到欠发达国家的农业发展特点，尤其在南北国家间知识产权差距悬殊的情况下，发展中国家在"南北"贸易的知识产权博弈中常处于劣势。本书在研究中重点关注了产权劣势和制度建设较为落后的发展中国家，基于南北国家动态均衡视角，通过理论推演、事实思辨以及经验验证展开分析，深入探究了农业知识产权保护对植物类农产品贸易的影响，以此得到的结论将有助于发展中国家提高国际化保护意识，进而加快农业知识产权保护制度建设的赶超进程。

# 二、研究目标、思路、内容与方法

## （一）研究目标

第一，厘清农业知识产权保护制度的演化历程以及法律制度设计和实施过程中的诸多争议，准确测度世界各国农业领域内知识产权的保护强度，旨在了解世界各国农业知识产权的保护强度演变并进行国家之间的横向比较。

第二，明晰农业知识产权保护对世界及中国植物类农产品贸易规模变化的影响效果和作用机制，厘清知识产权保护对植物类农产品贸易联系建立、贸易增长以及贸易边际的综合性影响，进而为后 TRIPs 时期更强的农业知识产权保护的贸易影响效应研究提供跨国性的经验证据。

第三，明晰农业知识产权保护与农产品出口质量之间的关系，探讨不同强度水平下的农业知识产权保护对培育农产品出口比较优势的重要作用，进而为中国等发展中国家农产品出口质量升级的最优知识产权保护策略选择提供事实依据。

第四，了解全球植物类农产品贸易依赖网络的拓扑结构演变，明晰农业知识产权保护对贸易依赖网络演化的影响效果和作用机制，进而为我们正确认识知识产权保护与国际农产品贸易依赖网络之间的关系提供参考。

## （二）研究思路与主要内容

本书以 UPOV 公约和 TRIPs 协定推行下的农业知识产权保护制度建设为

背景，深入剖析了农业知识产权保护影响植物类农产品贸易的作用机制和渠道，并通过构建指标量化体系和经验研究框架，解析了农业知识产权保护对植物类农产品贸易规模、贸易边际、产品质量和贸易依赖网络演化等多个层面的影响效应。本书的主要写作思路和内容安排如下：首先，梳理了有关知识产权保护与国际贸易的理论与经验研究、知识产权保护与育种创新以及农产品贸易领域的相关研究，并对现有文献研究存在的不足进行了评述；其次，回顾了农业知识产权保护制度的演进历程并解析了相关政策制定中存在的争议，进而对世界各国的农业知识产权保护强度进行了指标量化和横向比较；再次，在上述文献梳理以及关键指标量化的基础上，开启了第四章至第七章的核心内容研究，并通过构建理论和实证分析框架，分别深入揭示了"知识产权保护对世界植物类农产品双边贸易的影响""知识产权保护对中国植物类农产品出口贸易的影响""知识产权保护对植物类农产品出口质量的影响""知识产权保护对植物类农产品贸易依赖网络演化的影响"；最后，依据上述理论和实证研究结论，提出了相应的政策建议以及未来的研究方向。

具体而言，本书内容主要包括以下八个部分：

第一章为绪论。本章主要介绍了本书研究主题的国内与国际背景、理论价值与应用价值、研究目标、研究思路、研究内容与研究方法以及主要创新点。

第二章为文献梳理与评述。本章内容主要分为以下五个方面：一是理论研究相关文献梳理，从静态局部均衡理论模型与动态一般均衡理论模型两个角度出发，梳理和归纳了知识产权保护影响国际贸易的理论研究基础；二是经验研究相关文献梳理，从总体贸易、贸易边际、行业贸易以及其他贸易四个角度出发，梳理和归纳了知识产权保护影响国际贸易的经验研究；三是与育种创新有关的文献梳理，分别归纳了专利保护制度与植物新品种保护制度对植物育种创新的影响以及有关种业集聚的相关研究；四是有关知识产权保护与农产品贸易的相关研究文献梳理；五是对已有文献进行了总结与评述。

第三章为农业知识产权保护：制度演进与指标量化。本章内容主要分为三个模块：一是全面概述和梳理了农业知识产权保护中专利保护制度和植物新品种保护制度的形成与变革历程，厘清了二者在世界范围内推广与协调的

演进历程和有关争议；二是基于关键知识产权保护制度内容，参考 Campi 和
Nuvolari（2015）[13] 的测度方案构建了农业知识产权保护强度指标测度体系，
并阐述了子指标体系的选取背景、指标内涵以及数据来源；三是依据指标量
化方案测度了世界 101 个国家 1995~2017 年的农业知识产权保护强度，并进
行了国家间的纵向与横向比较。

第四章为知识产权保护与植物类农产品贸易规模变化：跨国经验证据。
在前文对农业知识产权保护体系进行指标构建和量化的基础上，本章基于
1995~2017 年 101 个国家的植物类农产品双边贸易数据，从理论和实证两个
层面系统解析了农业知识产权保护对植物类农产品双边贸易的影响。在理论
研究层面，本章分别探讨了出口方知识产权保护形成的比较优势培育和市场
垄断势力，以及进口方知识产权保护造成的贸易模式选择和南北均衡竞争，
进而系统厘清了双向知识产权保护影响植物类农产品贸易的理论逻辑。在实
证研究层面，本章综合检验了出口方和进口方知识产权保护对植物类农产品
贸易总量、贸易边际以及新市场贸易联系的影响，同时还检验了国家、行业
双重异质性视角下的贸易影响效应，这有助于我们了解南北国家间农业知识
产权布局差距下的贸易发展态势。

第五章为知识产权保护与植物类农产品贸易规模变化：中国经验证据。
在对世界跨国样本研究之后，本章重点关注进口方知识产权保护对中国植物
类农产品出口贸易的影响，以补充现有研究中有关发展中国家样本研究的不
足。在理论研究层面，本章结合中国植物类农产品贸易发展中南北国家贸易
市场竞争的特点，分别从"跳板""屏障"效应两个角度探讨了进口国知识
产权保护对中国植物类农产品出口贸易的影响机理。在实证研究层面，本章
系统检验了理论分析中"跳板""屏障"效应的作用渠道，并在此基础上，
采用农业知识产权保护子指标体系、制度距离进行了比较优势检验，验证了
农业知识产权保护的作用形式。同时，本章还检验了"跳板""屏障"效应
在不同国家类型、中国加入 WTO 前后、不同知识产权保护强度以及行业类型
差异下的异质性影响效应。

第六章为知识产权保护与植物类农产品出口质量。在第四章和第五章对

农产品贸易"量"的研究的基础上，本章重点考察了知识产权保护对农产品贸易"质"的影响。在理论研究层面，本章构建了符合种业创新市场竞争特点的内生增长质量阶梯模型，并利用动态最优化数理模型进行了解析，发现了知识产权保护与农产品出口质量升级间的倒"U"形非线性关系。在实证研究层面，世界各国的农产品出口质量测度是关键，因此，本书对结构需求模型进行了拓展，控制了包含贸易市场转移、价格因素、产品信息、汇率、嵌套份额等多重市场信息，借助计量手段反推出了各国农产品出口质量水平。在此基础上，本章进一步构建了实证检验方案，验证了理论模型中知识产权保护与农产品出口质量的非线性关系，并检验了其在不同类型知识产权保护子指标、不同国家类型以及不同行业间的异质性影响特征。

第七章为知识产权保护与植物类农产品贸易依赖网络演化。本章将农产品贸易研究拓展到复杂的网络模型研究方面，探讨了双向知识产权保护作用于全球农产品贸易依赖网络演化的机制。首先，本章基于"第三方效应"的国家贸易依赖关系指标测度，运用社会网络分析方法构建了国际植物类农产品贸易依赖网络，全面阐述了农产品贸易依赖网络拓扑结构的形成与演化历程；其次，本章采用前沿的时态指数随机模型（TERGM）及其分解的形成模型和解除（持续）模型（STERGM），系统评估了知识产权保护以及相关内、外生网络因素对农产品贸易依赖网络的作用效果；最后，本章利用文献梳理、事实思辨以及理论推演的方法解析了双向知识产权保护影响全球农产品贸易依赖网络的作用机理，并进一步构建指标体系和经验研究框架进行了科学验证。

第八章为结论与政策建议。本章归纳了本书的理论与经验研究结论，并围绕结论提出了具有可参考性的、切实有效的政策建议。

**（三）研究方法**

本书将多种研究方法相结合，综合运用国际经济学、计量经济学、农业经济管理以及发展经济学等有关学科的理论和方法，对知识产权保护与植物类农产品贸易的关系展开了系统的研究。本书在研究中主要采用的方法包括规范分析与实证分析相结合、数理推导与逻辑演绎相结合、多种统计分析与计量分析方法相结合等研究方法。

第一，规范分析与实证分析相结合。本书基于历史回顾和文献梳理，全面解析了农业知识产权保护的制度演变以及实施过程中存在的争议，并结合国际植物类农产品贸易特点，构建了静态局部均衡和动态一般均衡的理论分析框架，系统梳理了农业知识产权保护影响植物类农产品贸易的作用机制。针对规范分析下的相关理论，本书构建了指标量化体系和经验研究框架，从实证角度检验了农业知识产权保护对植物类农产品贸易的影响方向、力度、作用渠道以及异质性影响特征。本书在研究中将规范分析与实证分析相结合，更全面、系统地考察了知识产权保护与植物类农产品贸易的影响关系。

第二，数理推导与逻辑演绎相结合。本书在有关农产品出口质量的研究中，构建了内生增长的质量阶梯模型，以领先企业应对追随企业的追赶威胁为主题展开博弈分析，并结合育种创新市场竞争的特点，利用动态最优化数理模型推导出了完全知识产权保护强度（永不失效）、适当知识产权保护（部分失效）以及无知识产权保护（完全效率）对研发市场均衡创新水平的影响。本书在研究中将数理推导与逻辑演绎相结合，更严谨、科学地论证了农业知识产权保护与农产品出口质量的关系。

第三，多种统计分析与计量方法相结合。抽象的理论分析离不开实践的检验，这需要借助多种统计分析和计量分析方法对事实数据进行处理与解读。统计分析与计量分析二者之间缺一不可且相辅相成，贯穿于本书经验研究的始终。本书采用多种统计分析方法测度了计量分析中的关键指标变量，包括农业知识产权保护强度的指标量化与特征分析，以及植物类农产品贸易边际、产品质量、贸易集中度以及贸易依赖指数等核心变量。在此基础上，本书针对不同的研究主题、变量关系以及实证考察需要，综合运用了多种计量方法来保障政策评估的无偏性和稳健性。例如，Heckman 两阶段估计、PPML 估计、多重固定效应 OLS、复杂网络分析、时态指数随机模型（TERGM）及其分离模型等计量分析方法。本书在研究中将多种统计分析与计量分析方法相结合，使本书的研究结论更具有说服力和准确性。

# 三、主要创新点

第一，视域创新。在以往的文献研究中，为数不多的研究大多围绕知识产权保护制度建设成熟的发达国家展开分析，较少关注尚处于起步阶段的发展中国家，尤其对中国问题缺乏系统、全面的研究。基于此，本书将知识产权保护的贸易影响效应研究拓展到农业领域中，从理论和实证两个角度评估了农业知识产权保护对植物类农产品贸易增长、贸易边际、产品质量等多个维度的影响效果，并重点考察了其在不同类型国家、行业间的异质性影响特征。此外，本书还跳出了传统的双边贸易研究视域，从全球农产品贸易依赖网络结构的整体视角进行了考察，进而弥补了现有研究的不足。

第二，理论研究的创新。首先，本书拓展了 Maskus 和 Penubarti（1995）[16]提出的"市场扩张""市场势力"效应机制，结合静态局部均衡和动态一般均衡理论研究，深入剖析了双向知识产权保护对植物类农产品贸易的影响机制，分别探讨了出口方知识产权保护形成的比较优势培育和市场垄断势力，以及进口方形成的贸易模式选择和南北均衡竞争。此外，本书还将进口方知识产权保护对中国农产品出口贸易的影响机制归纳为"跳板"效应和"屏障"效应，进一步完善了知识产权保护对发展中国家农产品贸易的理论分析框架。其次，本书在参考 Kiedaisch（2015）[17]的基础上构建了内生增长的质量阶梯模型，不同于大多数研究采用新进入企业承担新产品研发而实现跨越式创新的增长模式，该模型以领先企业应对追随企业的追赶威胁为主题展开博弈分析，其更符合农产品市场中由少数企业主导新品种研发的市场特点，可以系统解析知识产权保护与农产品出口质量的非线性关系。最后，本书借鉴人口迁移理论中的"推拉效应"，分别从"推力""拉力"作用机制出发，深入解析了双向知识产品保护影响贸易依赖关系形成与化解的理论逻辑，"推力机制"主要表现为质量提升效应、种类扩张效应和市场分散化效应，而

"拉力机制"则表现为市场势力效应和质量筛选效应，两种机制共同决定着农产品贸易依赖网络演化的趋势，本书的研究丰富和拓展了有关知识产权保护与农产品贸易依赖网络研究的理论研究前沿。

第三，实证研究的创新。在关键指标应用方面，以往的研究大多采用 Ginarte 和 Park（1997）[18] 以及世界经济论坛编制的知识产权保护指数，但该类综合型指标过于笼统且不易分解，无法准确反映相关制度对农业领域的保护强度。对此，本书构建了针对农业领域内的知识产权保护强度指标度量方案（Campi and Nuvolari，2015）[13]，通过检索各国的法律条款，获取了包括 UPOV 不同法案的遵守、"免除农民特权"、"免除育种者特权"、植物品种保护周期和专利保护范围五个方面的立法信息，综合量化了世界各国农业领域的知识产权保护强度，进而保障了本书经验研究中农业知识产权保护强度指标的代表性和有效性。此外，农产品出口质量指标测度也是本书的重难点，本书对 Berry（1994）[19] 的结构需求模型进行了拓展，利用嵌套 Logit 和工具变量法反推出了各国农产品出口质量水平。

第四，在计量方法应用方面，考虑传统贸易引力模型存在的多边贸易阻力、遗漏变量以及内生性问题等缺陷，本书采用 Heckman 两阶段模型对传统贸易引力模型进行了扩展，将贸易广度和贸易深度同时纳入计量模型中，以避免传统贸易引力模型中样本选择性缺失而导致的内生性问题。此外，本书还构建了基于动态网络分析的时态指数随机图模型（TERGM）及其分离的形成模型和解除（或持续）模型（STERGM），该方法突破了传统计量模型的"独立性"假定，可以同时处理网络结构演变的内生变量、行为者关系以及网络外部变量，进而分别刻画知识产权保护对农产品贸易依赖网络中新关系的形成以及已有网络关系的解除（持续）的影响，有效提升了贸易网络模型参数估计的灵活性、明确性以及可解释性。

# 第二章　文献梳理与评述

## 一、知识产权保护对国际贸易影响的理论研究

### （一）基于静态局部均衡理论模型视角

在 1995 年 TRIPs 协定实施前，知识产权保护对国际贸易的影响就开始受到学术界的关注。最初，学者的研究大多就静态局部均衡理论模型展开探讨，重点考察了南方国家加强知识产权保护如何影响北方国家出口贸易（Diwan and Rodrik，1991；Taylor，1993）[20-21]。研究认为，南方国家加强知识产权保护会降低南方市场对北方出口贸易产品的模仿和替代威胁，进而提高对北方国家创新产品的进口贸易需求，这有利于促进北方国家的出口贸易增长。但南方严格的知识产权保护制度可能会加剧北方的市场垄断趋势，进而可能会降低北方向南方的出口贸易规模。

Maskus 和 Penubarti（1995，1997）[16][22] 对局部均衡模型进行了拓展，认为知识产权保护对国际贸易影响的净效应主要取决于存在价格歧视的跨国公司的贸易选择，即"市场扩张"效应和"市场势力"效应在不同的知识产权保护强弱环境下的折中调整。一方面，加强知识产权保护会降低贸易市场

中的产品模仿和替代威胁，有利于形成"市场扩张"效应，进而增加跨国贸易企业面临的产品需求，促进其出口贸易增长；另一方面，加强知识产权保护强度也会深化贸易市场中跨国企业的产权势力，进而降低出口企业面临的需求弹性。此时，出口企业往往选择提高价格、减少销量来提高产品贸易收益，导致其向具有较强知识产权保护强度的贸易市场出口较少的专利产品，进而降低出口贸易规模。由于"市场扩张""市场势力"效应二者具有相互抵消的作用，因而在理论研究中，知识产权保护对国际贸易的影响方向并不确定。Maskus（2000）[23]进一步对"市场扩张""市场势力"效应的适用条件展开了分析，研究发现：当贸易创新产品的模仿成本较高且生产周期较长时，弱知识产权保护强度也可能会形成垄断势力，进而产生市场势力效应；此外，当进口贸易市场中存在合法的替代品时，强知识产权保护强度也可能会产生市场扩张效应。

知识产权保护还会通过影响跨国贸易企业服务海外市场的经营决策而对出口贸易产生影响，即知识产权保护强度的提升可能会促使跨国企业采用FDI和技术许可等方式替代产品贸易（Dunning and McQueen，1981）[24]。Smith（2001）[25]认为，知识产权保护会通过影响跨国贸易企业经营的所有权、区位和内部化优势，进而影响跨国企业服务海外市场的经营决策。首先，知识产权保护有利于提升跨国公司的所有权优势，其可以通过保护企业创新产品的利益而影响出口贸易规模，其产生的贸易影响方向取决于对"市场扩张""市场势力"的相对影响程度；其次，知识产权保护也会强化国家的区位优势，促使跨国企业采用FDI和技术许可的服务方式代替产品贸易；最后，更严格的知识产权保护会降低跨国企业的内部化优势，促使企业采用技术许可的方式服务海外市场而替代FDI和产品贸易，但当出口市场具备较高的模仿和替代威胁时，加强知识产权保护又会提高内部化优势而促进FDI和产品贸易增长。Yang和Maskus（2001）[26]对此进一步提出，知识产权保护强度的变化会影响跨国企业服务海外市场的经营决策。当知识产权保护强度较弱时，与创新技术相关的模仿威胁、信息不对称以及交易成本等问题会迫使企业形成内部化机制，进而减少相关技术许可形式，增加FDI和出口贸易。然而，当知识产权保护强度较高时，这会鼓励企业更多选择采用技术许可的方式服务海外市场，进而相应减少出口贸易。还有部分学者提出，知识产权保护对跨国企业贸易决策的影响不仅与知识产权保护强弱程度有关，还会受到贸易开放程度、技术差距以及政治经济环境等诸多因素的共同影响（Fosfuri，2000；Nair-Reichert and Duncan，2008；Wang et al.，2016）[27-29]。

### （二）基于动态一般均衡理论模型视角

静态局部均衡理论框架下的研究并没有考虑到知识产权保护与国际贸易影响关系的动态作用机制，尤其是贸易模式、行业贸易差异以及贸易边际变化等多方面的影响。Vichyanond（2009）[30] 构建了动态一般均衡理论模型，研究了知识产权保护的贸易影响效应，认为知识产权保护通过产生"产品种类"效应、"挤出"效应和"市场势力"效应，进而影响一国的贸易模式选择。首先，知识产权保护能保障企业研发创新的预期收益，进而通过激励研发创新活动而降低中间产品的生产成本，这有利于提高出口产品的种类数量，即形成"产品种类"效应；其次，受限于地区资源禀赋和产能制约，中间产品种类的增加反过来会限制每种产品的均衡产量，这会降低企业的预期收益并抑制贸易产品种类持续增长，即产生"挤出"效应；最后，强知识产权保护会有利于稳定出口创新产品的市场份额，促使企业提高产品价格、降低贸易流量，进而获取最大化贸易利润，即产生"市场势力"效应。在上述研究的基础上，Vichyanond（2009）[30] 进一步提出，不同知识产权保护强度对国家贸易模式选择的影响存在差异：弱知识产权保护强度更易产生"产品种类"效应，企业会通过降低生产成本而提高非专利型产品出口；而强知识产权保护更易产生"市场势力"效应，企业可以获得贸易比较优势，进而使企业专注于专利密集型产品出口。

不同行业类型的产品受到的模仿威胁水平不同，因而知识产权保护对不同行业类型贸易的影响效应存在差异（Awokuse and Yin，2010）[31]。Ivus（2011）[32] 通过构建南北动态一般均衡模型，分析了基于行业模仿威胁能力差异下的知识产权保护对行业贸易的影响机制，研究发现，知识产权保护会引发四种相互抵消且存在行业异质性的贸易影响效应：一是"市场势力"效应，南方加强知识产权保护会因抑制模仿威胁而加强北方跨国企业的市场势力，尤其对于易受模仿威胁的行业而言，市场势力的提高会通过挤占行业内南方产品的市场份额而扩大北方出口，这与 Maskus 和 Penubarti（1995，1997）[16][22] 的研究结论不同，该市场势力效应有利于北方出口增长。二是"市场扩张"效应，知识产权保护会通过降低南方企业的模仿威胁而有利于北方市场扩张，促进北方更多企业、产品类型进入南方市场。三是"市场稀释"效应，由于购买力限制，贸易产品种类范围增加会降低每类产品的平均预算份额，进而"稀释"北方贸易产品的规模增长。此外，不同行业间产品所受到的模仿威胁存在差异，新产品相比旧产品更易受到模仿威胁（新产品技术含量高）。一旦模仿发生，这会挤占北方新产品贸易的市场份额，也会形成"市场稀释"而降低北方国家行业内出口贸易份额。四是"贸易条件"效应，受上述三种效应的综合影响，并且考虑南北国家工资水平差异，这些因素所形成的贸易条件综合影响效应会造成北方国家出口贸易的不确定性。如果北方国家的均衡工资水平下降，贸易条件改善会有利于北方国家出口，反之则会抑制北方国家出口。Ivus（2012，2015）[33-34] 进一步提出，知识产权保护对北方出口贸易的影响会反映到贸易的边际变化中，即反映在产品种类、数量以及价格三个层面。由于不同行业间贸易产品所受到的模仿威胁差异，会造成知识产权保护的贸易边际效应存在异质性特征，因而基于行业模仿威胁的差异性评估对于研究知识产权保护的贸易影响效应十分重要。

# 二、知识产权保护对国际贸易影响的经验研究

## （一）总体贸易视角

在知识产权保护对总体贸易影响的经验研究中，不同学者会选取不同的

国家样本、估计方法和指标度量方案展开实证检验。Maskus 和 Penubarti (1997)[22] 基于 1984 年 22 个 OECD 国家对 71 个国家的制造业贸易数据展开了经验研究，研究发现，加强知识产权保护对制造业出口贸易规模存在显著的积极影响，这表明知识产权保护所产生的"市场扩张"效应占主导地位。Smith (1999)[35] 基于 1992 年美国制造业出口的截面数据，利用 Rapp 和 Rozek (1990)[36]、Ginarte 和 Park (1997)[18] 构建的知识产权保护指标检验了知识产权保护对出口贸易的影响，研究发现：在与美国知识产权保护程度相似的国家（高、中高收入国家）及低模仿能力的国家（低收入国家），市场势力效应占主导地位；与之相反的是，弱知识产权保护以及具备较高模仿能力的国家，却增加了对美国产品的进口。Rafiquzzaman (2002)[37] 利用加拿大贸易数据样本展开了研究，其研究结论与 Smith (1999)[35] 相似，认为受到模仿威胁较高的目标国家加强知识产权保护更易刺激产生市场扩张效应，进而促进加拿大出口贸易增长，而当目标国家模仿能力较低时，则更易产生市场势力效应而降低贸易规模。Liegsalz 和 Wagner (2013)[38] 利用 1990~2002 年 30 个 OECD 国家与中国的贸易数据进行了研究，实证结果表明，中国加强知识产权保护制度建设有利于促进 OECD 国家对其出口贸易增长，但在专利申请集中度较高的行业贸易中，加强知识产权保护更易限制贸易增长。余长林 (2010)[39] 基于美国与 57 个发展中国家的贸易数据展开了经验研究，研究发现，知识产权保护对国际贸易的影响程度会受到目标国家经济发展能力和产品模仿威胁的约束。当发展中国家经济发展水平较高、模仿能力较弱时，其加强知识产权保护更易产生市场势力效应，进而不利于美国出口贸易增长；而当发展中国家经济发展水平一般、模仿能力强时，其加强知识产权保护更易产生市场扩张效应，进而促进美国出口贸易增长。Kabir 和 Salim (2016)[40] 利用中国电子产品出口贸易数据进行了研究，研究发现，进口国知识产权保护会显著促进中国电子产品出口贸易流量增长，但在研发支出增长和更严格知识产权保护的共同作用下也会产生市场势力效应，降低电子产品出口贸易规模。综合上述研究结论，可以看出，知识产权保护对贸易影响的市场"扩张效应""市场势力"效应同时存在，但由于两种效应存在相互抵消的作用，使加强知识产权保护对国际贸易的影响效果存在不确定性。

还有部分文献考察了知识产权保护如何影响跨国公司服务海外市场的贸易选择。Ferrantino（1993）[41] 研究发现，发展中国家加强知识产权保护会促使发达国家跨国企业利用 FDI 或技术许可的方式服务海外市场，因而产生的"替代效应"会削弱知识产权保护的贸易影响效应，进而对总体贸易产生负面影响。Maskus（1998）[42] 基于 1989～1992 年美国制造业跨国企业贸易数据进行了研究，研究发现，知识产权保护对跨国公司产品贸易以及跨国资产存在积极影响。Smith（2001）[25] 基于 1989 年美国贸易截面数据，考察了目标国知识产权保护对美国跨国公司出口贸易、FDI 和技术许可的影响。其研究结果表明：目标国加强知识产权保护会通过强化区位优势而促使美国跨国公司利用 FDI 和技术许可的方式代替产品出口贸易；更严格的知识产权保护会降低跨国企业知识资产内部化的必要性，因而在面对强知识产权保护国家时，美国跨国公司更易通过技术许可的服务方式替代 FDI 和产品出口贸易。在上述研究的基础上，Nair-Reichert 和 Duncan（2008）[28] 基于 1992～2000 年美国的跨国面板数据展开了研究，结果表明，知识产权保护对美国跨国公司服务海外市场方式的影响效果会受到目标国家政策环境的影响，当目标国家政策环境的稳定性较差时，加强知识产权保护会促使美国跨国公司采用出口贸易的形式代替技术许可，通过市场扩张效应而扩大出口贸易。

### （二）贸易边际视角

异质性企业贸易理论认为，贸易增长会沿着贸易边际展开，分别表现在贸易扩展边际和集约边际两个层面。扩展边际指的是出口产品种类、跨国企业以及贸易市场数量变化，而集约边际则指的是贸易数量以及产品价格变化。Ivus（2011）[32] 将其引入知识产权保护的贸易影响效应研究领域，认为知识产权保护对国际贸易的影响水平会反映在贸易产品种类、数量以及价格三个方面的变化上，并利用美国与 101 个国家 1990～2005 年的贸易数据进行了经验验证，结果表明，加强知识产权保护会对贸易扩展、集约边际产生显著的积极影响，尤其对贸易扩展边际的影响贡献更大。在此基础上，Ivus（2012，

2015)[33-34] 进一步利用美国与发展中国家的贸易数据对上述结论进行了经验验证，结果表明，发展中国家知识产权保护制度建设的完善与否是美国选择是否向其出口的重要因素。发展中国家加强知识产权保护会显著提升美国对其出口产品种类的增长，尤其是专利密集型行业的创新产品种类增长；在对集约边际的影响研究中，其同时也发现，加强知识产权保护会提高贸易产品价格而降低出口数量，尤其是在技术密集型行业中，更易形成显著的市场势力效应。Foster（2012）和 Foster-McGregor（2014）[43-44] 对 OECD 国家的出口贸易数据进行了二元边际分解（扩展边际和集约边际），进而检验了知识产权保护对出口贸易边际的影响。其研究结果表明，知识产权保护会对OECD 国家的总贸易规模增长产生显著的促进作用，其中，对贸易扩展边际的影响为正面影响，而对集约边际则表现出负面影响。这意味着知识产权保护产生的市场扩张效应主要沿着扩展边际展开，进而促进出口产品种类增长，但市场势力效应也会对贸易集约边际产生抑制作用。其在异质性检验中还发现，当目标国市场经济规模较大且模仿能力较强时，强知识产权保护对贸易扩展边际的促进作用更大。

在国内相关研究中，不同的学者基于不同国家样本的贸易数据利用各种计量手段，对知识产权保护的贸易影响效应问题展开了经验研究。余长林（2015）[45] 对中国与 95 个国家 2002~2013 年的制造业产品贸易数据展开了研究，结果表明，知识产权保护有利于中国出口扩展边际增长，但却对贸易集约边际产生抑制作用。马凌远（2015）[46] 测算了中国 1995~2011 年的贸易进口二元边际，研究发现，加强知识产权保护有利于中国进口贸易边际增长，其中对进口扩展边际的促进作用更强，这意味着知识产权保护的市场扩张效应主要沿着贸易扩展边际展开。亢梅玲等（2016）[47] 基于 1995~2010年的跨国贸易数据进行了研究，研究发现，目标国加强知识产权保护会有利于中国出口扩展边际增长，但会对集约边际产生抑制作用，进而降低中国出口贸易产品数量和价格。黄先海等（2016）[48] 利用中国 2000~2006 年的工业企业和海关数据库进行了研究，研究发现：加强知识产权保护通过提升企业自主创新能力，显著促进出口扩展边际增长；此外，知识产权保护还可以通过扩大进口扩展边际而形成"创新倒逼"效应，进而提升企业的产品创新能力，进一步促进扩展边际增长。韩剑等（2018）[49] 利用中国与 16 个签署自贸协定的国家之间的贸易数据展开了研究，发现含有知识产权保护条款的 FTA 会对中国知识产权密集型的产品进出口贸易产生积极作用，尤其是专利和版权密集型产品，主要通过引致数量边际增长而实现。刘钧霆等（2018）[50] 研究发现，进口国加强知识产权保护会降低中国高技术产品出口数量边际，而对扩展边际和价格边际产生正向影响。魏浩和巫俊（2018）[51] 利用中国海关和工业企业数据库进行了研究，研究发现知识产权保护有利于促进企业进口产品种类增长，但对集约边际产生抑制作用，总体而言有利于中国进口贸易规模增长，尤其对于专利密集型、商标密集型行业的影响更为显著。

### （三）行业贸易视角

不同类型行业产品对知识产权保护的敏感程度存在差异，因而知识产权保护对国际贸易的影响存在显著的行业异质性特征。Maskus 和 Penubarti（1995）[16] 研究发现，在专利技术应用的低敏感行业中，知识产权保护提升有助于促进出口贸易增长，而在专利技术应用的高敏感行业中，知识产权保护对其行业贸易并无显著影响。Fink 和 Braga（1999）[52] 利用 1989 年 89 个国家的非燃料类、高技术制造业的双边贸易数据进行了研究，研究发现更严格的知识产权保护会对双边贸易产生积极影响，主要表现为对非燃料类双边贸易的促进影响，但会降低高技术产业双边贸易发生的可能性，这表明知识产权保护对高技术行业的市场势力效应作用较强，不仅如此，这还会诱使高技术产业跨国企业通过 FDI 和技术许可的方式进行贸易替代。Co（2004）[53] 利用 1970~1992 年美国对 71 个国家的出口贸易数据展开了经验研究，研究发现，进口国的知识产权制度的完善程度以及产品模仿威胁能力是出口方贸易选择所考虑的两大重点因素，知识产权保护会显著抑制非 R&D 密集型产品的出口，而对于 R&D 密集型产品的影响显著性较差。Falvey 等（2009）[54] 基于 1970~1999 年 5 个发达国家对 69 个国家制造业出口贸易数据进行了研究，研究发现，知识产权保护对国际贸易的影响会因行业发展规模以及模仿能力差异而产生显著的门槛性特征，且贸易影响效应中的"市场扩张"效应相对于"市场势力"效应而言更为普遍。Weng 等（2009）[55] 基于 1997～2005 年美国对 48 个国家信息类产品出口贸易的跨国面板数据进行了研究，研究发现，进口国加强知识产权保护更易形成市场扩张效应，进而促进美国信息类产品出口贸易增长，他们并未发现存在显著的市场势力效应的证据。Awokuse 和 Yin（2010）[31] 利用中国与 36 个国家的贸易数据展开了实证研究，研究发现，中国提升知识产权保护有利于发挥市场扩张效应，进而促进进口贸易增长，但在不同的目标国家收入水平下存在显著的行业异质性特征，对于高收入国家的研发密集型产品以及低收入国家的非研发密集型产品而言，贸易促进效应更为显著。Fukui 等（2013）[56] 研究发现，进口国知识产权保护增强是美国对其出口贸易增长的重要原因，但贸易促进效应的增长幅度在不同行业和国家间存在显著的异质性特征。Maskus 和 Yang（2013）[57] 研究发现，发展中国家遵循 TRIPs 中的知识产权保护条款有利于促进专利密集型部门的出口贸易绩效，但这可能是经济结构调整的结果，而并不意味着提高了发展中国家的福利水平。Delgado 等（2013）[58] 基于 1993～2009 年世界贸易组织 158 个成员国的贸易数据进行了研究，研究发现，发展中国家加强知识产权保护显著促进了知识密集型行业的进口贸易增长，尤其是提升了发达国家间进口信息和通信行业产品的贸易增长。Shin 等（2016）[59] 研究发现，进口国知识产权保护与出口国技术水平的匹配会对行业贸易产生异质性影响，发达国家加强知识产权保护可能会形成贸易阻碍因素，进而抑制技术水平较低的发展中国家的出口贸易增长。Chen（2017）[60] 利用 1976～2010 年 119 个国家的贸易面板数据进行了实证检验，发现进口国加强知识产权保护更有利于促进技术密集型行业的进口贸易增长。

国内研究中，余长林（2011）[61] 的研究结论与 Awokuse 和 Yin（2010）[31] 的研究结论类似，他们对中国 1991～2005 年的进口贸易展开了研究，研究发现，中国加强知识产权保护存在显著的国家、行业双重异质性影响特征，会显著促进高收入国家技术密集型行业以及低收入国家非技术密型行业的进口贸易增长。马凌远（2014）[62] 对中国服务业总体和细分行业进行了研究，发现知识产权保护有利于中国服务业总体进口贸易规模增长，但存在显著的行业异质性影响特征，其所产生的市场扩张效应在高技术服务业中更为显著。郭小东和吴宗书（2014）[63] 对创意产品行业进行了研究，发现进口国加强知识产权保护对创意产品行业的"市场扩张"效应占主导地位，其在不同的模仿威胁差异下均表现出稳健性。余长林（2016）[64] 利用 2001~2013 年中国与 95 个国家 30 个制造业行业的贸易数据进行了研究，研究发现，中国加强知识产权保护显著促进了低研发、低专利密集度行业的出口贸易增长，但对于高研发、高专利密集度的行业贸易并无显著影响。另外，其在国家异质性检验中还发现，中国加强知识产权保护更有利于对发展中国家的出口贸易增长，但在发达国家样本中并不显著，其主要原因是中国与发达国家间知识产权保护制度差距带来的出口贸易竞争劣势。宋伟良和王焱梅（2016）[65] 基于中国与 64 个国家的贸易面板数据进行了研究，研究发现，进口国加强知识产权保护并不利于中国高技术行业的出口贸易，尤其当目标国为中高、高收入国家以及中国行业自主创新与目标国差距较大时，越不利于中国高技术行业出口。翁润等（2018）[66] 研究发现，发展中国家知识产权保护对技术进口贸易存在显著的正向影响，但进口方模仿能力提升会对技术进口贸易产生阻碍作用。

### （四）其他贸易视角

近年来，部分学者开始专注于知识产权保护对贸易产品创新效应的相关研究。代中强等（2015）[67] 基于 2005~2010 年的跨国面板数据进行了研究，研究发现，在发展中国家样本中，知识产权保护强度与服务贸易出口技术复杂度之间呈现倒"U"形关系，而在发达国家样本中，二者之间的线性增长关系更为显著。由此可知，知识产权保护对服务贸易出口技术复杂度的影响存在显著的经济发展水平的门槛约束。易靖韬和蔡菲莹（2019）[68] 的研究表明，知识产权保护强度的提升对于创新的调节作用将有利于推进贸易自由化，这对于我国行业贸易结构的调整和升级具有重要意义。李俊青和苗二森

（2018）[69] 研究发现，知识产权保护会提高供应商对研发投资收益的掌控权，他们会持续性地激励研发投入增长。李俊青和苗二森（2018）进一步研究发现，加强知识产权保护会有利于激励人力资本投资以及促进企业研发创新，这有利于提升出口技术复杂度。卿陶（2020）[70] 利用 2000~2007 年海关和工企的匹配数据进行了研究，研究发现，知识产权保护的提升有利于促进企业出口产品质量升级，但贸易成本会成为知识产权保护质量提升效应的阻碍和制约因素。沈国兵和黄铄珺（2019）[71] 通过测算中国企业出口技术含量，从上、下游以及水平渠道视角进行了研究，结果表明，加强知识产权保护会通过上游渠道提升企业出口技术含量，而下游和水平渠道则并不利于企业出口技术含量的提升，尤其是对于外部技术依赖性强的企业而言抑制作用更明显，但会对创新能力强、知识吸收能力强的跨国企业出口技术含量产生促进作用。Liu 等（2021）[72] 利用 1990~2010 年的跨国贸易数据进行了研究，研究发现，知识产权保护是否有利于促进出口产品质量升级取决于技术发展水平的门槛效应。当国家技术发展水平低于世界平均阈值时，其正处于技术学习和适应阶段，此时采用灵活、保护程度较低的知识产权保护制度有利于提高出口产品质量，而对于正处于世界技术前沿的发达国家而言，采取更严格的知识产权保护协作体系更有利于促进其出口产品质量升级。

# 三、知识产权保护对植物育种创新的影响研究

研究农业知识产权保护对贸易的影响的文献相对有限，诸多研究大多关注其对植物育种创新的影响，梳理该部分文献将有助于了解农业知识产权制度建设的创新激励作用，进而为研究农产品出口产品质量升级的影响提供文献支撑。一直以来，知识产权保护对研发创新的"双刃剑"影响特征备受争议，传统的经济学理论认为，知识产权保护有利于保障企业收取创新租金，进而促进企业研发创新和生产率增长（Arrow，1962；Romer，1990）[73-74]。

但这一观点的立论基础主要来自"市场失灵",在理论上受到了许多学者的批评(Helpman,1993)[75]。Dosi等(2006)[76]认为,虽然提高生产率的主要决定因素是技术研发和创新,但也与企业的组织形式和市场准入门槛有关,知识产权保护制度可能会提高企业的垄断优势,进而对研发创新和生产率增长形成阻碍。不少学者通过经验研究证明了企业为保护自身研发利益,不仅会利用专利保护制度,而且还会采用商业机密、营销和制造手段等方案提高学习成本(Cohen et al.,2000;张峰等,2016)[77-78],这使知识产权保护与植物育种创新的关系研究更为复杂。

### (一)专利保护系统与植物育种创新

专利保护制度是"保护创新"还是"伤害创新",这在制造业领域中就是饱受争议的话题,如今延伸到"生物有机体"的植物育种创新领域,更是增加了二者关系研究的复杂性。实行植物专利保护制度有两个主要矛盾点:其一,专利保护制度并未考虑育种者和农民的豁免权,这会加剧植物遗传资源的"私有化"程度;其二,植物新品种的培育可能会由一系列的生物技术和基因组片段构成,如果涉及植物专利范围定义不严格以及基础技术专利垄断等问题,就会导致"专利丛林"(Patent Thickets)或"反公地悲剧"(Tragedy of The Anticommons)。Moschini和Yerokhin(2008)[79]、Lence等(2016)[80]对植物专利保护制度的适用性展开了探讨,认为在创新累积的质量阶梯增长模型中,当植物育种研发周期较长且成本投入较高时,专利保护制度才会表现出创新激励作用,但缺少育种者权利的豁免会提高植物遗传资源和培育技术的分享成本,进而降低技术溢出带来的福利效应。

在相关经验研究中,种业领域内专利保护制度演化的不平衡性、复杂性和争议性极大地增加了政策评估难度,使现有文献中定性分析居多,而定量研究相对不足且研究结论莫衷一是。现有文献研究尚没有充足经验证据表明专利保护制度促进了植物育种创新的发展。以最早实行植物专利法的美国为例,其在1930~2008年共颁发了20982项植物专利,其中80.8%为观赏植物,14.2%为水果类(Pardey et al.,2013)[81]。Moser和Rhode(2012)[82]

研究了美国植物专利法对玫瑰育种的影响（1930~1970 年，玫瑰占美国植物专利的近一半），发现在美国植物专利法颁布后，私营的育种研发机构数量有一定增长，但美国玫瑰协会注册的玫瑰新品种的增长率却呈现下降趋势，且仅有 16% 的玫瑰创新品种获得了专利，这意味着专利保护并未有效促进美国玫瑰育种水平的发展。部分学者研究了美国植物专利法对果蔬等其他受专利保护的植物品种的影响，同样没有发现植物专利保护有益于商业育种活动的证据（Xu et al.，2013）[83]。

目前，微生物以及转基因技术等已成为大多数国家可申请专利的主体，而整株植物以及特定植物品种的专利保护并不是很普遍。尽管目前学术界尚缺乏关于专利保护对植物育种创新影响的经验研究，但有大量的证据显示出专利保护对于现代生物技术发展的重要性，尤其是对于高成本投入的转基因植物培育而言，强有力的专利保护制度有利于保护私营育种部门的创新收益。McDougall（2011）[84] 研究发现，一项植物新品种有关的生物培育技术的发现、开发和上市的成本约为 1.36 亿美元，其中 25.8% 的成本与市场监管有关，这意味着需要有效的专利保护制度来维护高成本研发创新投入。此外，不少研究都指出了转基因等现代生物技术对提高农业生产率的积极影响。Nolan 和 Santos（2012）[85]、Leibman 等（2014）[86] 等研究发现，转基因技术的应用提高了美国玉米产量的 30%~40%，而在发展中国家中，转基因品种带来的产量提高可能更为显著（Qaim and Zillberman，2003）[87]。由于转基因等现代生物技术的发展离不开专利保护制度，因而其对农业生产率的部分积极作用可能要归功于专利保护制度。

### （二）植物新品种保护系统与植物育种创新

在农业领域中，植物新品种保护制度对农业生产率的影响研究并没有得出一致结论。国际植物新品种保护联盟（UPOV）主张在农业部门内建立统一的知识产权保护制度，认为这样可以有效鼓励新植物品种研发和育种工作的开展，不仅如此，消除贸易壁垒还有利于改善农产品生产和贸易，进而实现技术转移和遗传资源有效利用。植物新品种保护是农业（生物）创新的必要激励政策，这会有利于促进私营育种部门增加研发投入，但与此同时，更严格的植物新品种保护制度容易引起生物遗传资源的垄断，这种情况也令人担忧（黄钢，2006；Clancy and Moschini，2017）[88-89]。部分学者提出，植物新品种保护会通过提高生产专业化水平，降低植物新品种多样性，从而会对农业生产率产生消极的影响（Kloppenburg，2005；Dutfield，2009）[90-91]，尤其对发展中国家而言，会阻碍其农产品创新、技术转让和贸易（Boldrin and Levine，2008；Campi and Macro，2016）[92][8]。鉴于此，在南北国家异质性研究中，学术界对植物新品种保护制度的影响效果还存在较大的争议（周绪晨和宋敏，2019）[93]。此外，部分学者还认为，植物新品种保护制度的扩张会有利于农业生产率的提升，但这可能是科学技术进步的结果，而并非知识产权保护制度的建设效果（Wright and Pardey，2006）[11]。

考虑到知识产权的传播性和累积性对育种创新激励的重要作用，植物新品种保护制度中有关育种豁免权的问题受到众多学者的关注。UPOV 制定的"1961/1972 法案""1978 法案"中包含两个关键特权：农民特权和育种者特权。两个特权的立论基础就是认定了利用种质遗传资源进行衍生培育的重要性，其削弱了植物育种权利的独占性以及收取租金的能力。部分定性和定量研究表明，拥有受保护特权的植物新品种保护制度有利于农作物研发支出增加（Malla and Phillips，2004；Perrin and Fulginiti，2008）[94-95]。在转基因技术尚未形成商业化之前，英国、挪威等欧盟国家普遍主张弱化植物育种保护强度，认为通过"保护育种者特权"将有助于植物遗传资源的扩散和改良（邓武红，2007）[96]。相比之下，现有研究对"1991 法案"并不看好，该法案的关键内容是实行"免除育种者特权"政策。Moschini 和 Yerokhin（2007）[97] 认为，"1991 法案"更类似于专利保护机制，更适用于激励高成本的转基因植物研发创新，但并不利于占主体地位的传统育种行业的技术溢出。以中国为例，中国为数不多的育种企业除在水稻等大宗农作物领域具备较强的原始创新能力外，在蔬菜、花卉等多个育种领域主要基于发达国家或国内领先科研机构优质种源的衍生品进行派生和选育。部分学者对此提出，中国加入保护强度更为严格的"1991 法案"会制约育种行业的研发创新（李菊丹，2015)[98]。

在相关经验研究的文献中，不少学者检验了植物新品种保护制度对农业生产率的影响，他们的实证研究结论不尽相同。部分研究认为，植物新品种保护有利于促进农业生产率的提高。Naseem 等 (2005)[99] 提出，植物新品种保护会对具备生产潜力的农产品生产率产生更大的促进作用，尤其是对棉花等促进作用较大；Kolady 和 Lesser (2009)[100] 研究发现，美国植物新品种保护制度的建设有利于促进小麦品种的改良；黄武和林祥明 (2007)[101] 通过对中国农业发展的经验研究，发现植物新品种保护有利于刺激研发经费支出，进而对生产率增长存在激励作用；刘辉和许慧 (2010)[102] 以种子公司和育种机构的调研数据为基础，探究了植物新品种保护制度对农业技术创新主体申请量的影响，研究发现，植物新品种保护的制度建设和执行力度会促进农业技术创新主体的新品种申请数，这意味着植物新品种保护制度存在显著的创新激励效应。Payumo 等 (2012)[103] 利用 103 个国家的农业生产总值数据，研究了植物新品种保护对农业经济发展的影响，发现二者在发达国家和发展中国家中均存在显著正相关关系；Spielman 和 Ma (2016)[104] 在Perrin (1999)[105] 研究的基础上提出，植物新品种保护会有利于发达国家和发展中国家间的农业生产率差距缩小；Campi (2017)[9] 基于 1961～2011 年低、中和高收入国家的面板数据，研究发现，加强植物新品种保护有利于促进低、高收入国家谷物类作物生产率，而对于中等收入国家农产品生产率并无显著影响，因此其进一步提出，植物新品种保护对农业生产率的影响存在门槛性特征。

还有部分经验研究认为，植物新品种保护会对农业生产率产生消极或不显著的影响。Alston 和 Venner (2002)[106] 研究发现，美国加强植物新品种保护会刺激对小麦品种改良的投资，但却没有显著促进小麦生产率的提高；Léger (2005)[107] 认为，植物新品种保护制度的建设对于玉米生产率并没有产生显著影响；Louwaars 等 (2005)[108] 的研究指出，植物新品种保护虽然有利于植物品种多样化，但并不利于小型私营种子部门的发展；Park (2005)[109] 认为，植物新品种保护并没有显著促进农业生产率的提升，但会激励农业研发企业的投资行为；孙炜琳和王瑞波（2008）[110] 对中国的植物新品种保护制度建设展开了研究，发现其并没有对我国育种企业以及种业发展产生显著的促进作用；Moser 等（2015）[111] 研究表明，大多数杂交玉米的生产率并没有因为植物新品种保护的制度建设而得到明显改善。

### （三）知识产权保护与种业行业集聚

随着转基因等现代生物技术的发展，植物育种创新不仅需要较高的知识储备和投资能力，还要结合多重的、分散化的技术专利许可和植物品种权转让。例如，一项新的转基因性状专利的研发需要结合多种基因组编辑技术，并且需要特定的专利技术导入到优质种质中，而这种优质种质通常也会受到植物品种系统的保护。因此，每一项关键性专利技术都可能会成为植物新品种研发的阻碍因素，这也是 Heller 和 Eisenberg（1998）[112] 提出的"反公地悲剧"。由于实用专利和植物品种权交易市场的信息不对称以及企业间的商业竞争手段，专利池以及交叉许可等市场解决方式的交易成本较高，还不足以有效解决所有权许可问题（Shapiro，2001）[113]。因此，种业企业兼并和收购成为实现专利集聚的有效方式。Graff 等（2003）[114]、Marco 和 Rausser（2008）[115] 等学者的研究充分肯定了知识产权保护制度对于创新型种业公司兼并和收购的关键作用，他们认为，通过行业集聚可以达到智力资源的协调和互补。

自 TRIPs 协定实施以来，世界知识产权保护协作体系的加深极大地推动了全球跨国种业公司的兼并重组趋势。欧美等发达国家跨国种业集团三次大规模的兼并重组，实现了世界种业集团间植物遗传资源、生物技术以及市场资源的集聚，推动了种业的行业整合和扩张，最终形成了跨国种业巨头的寡头垄断（任静等，2019）[116]。知识产权保护加速了创新型跨国种业公司兼并和收购的行业集聚趋势，由此引发了各国政府部门、学术界以及媒体对于粮食安全影响的争论和担忧。持积极观点的一方认为，行业集聚有利于实现跨国种子企业间资本和知识资源的互补，通过降低研发成本以提高企业的育种创新能力，进而更好地应对全球气候变化和粮食安全的挑战，这也是孟山都、拜耳等参与并购的企业在游说政府部门和公众时发出的联合声明（Sylvie，2017）[117]。鉴于基因工程、数字农业等新型育种创新模式的发展，资源整合似乎更有利于企业研发驱动和创新成果的实施。另外，高度依赖金融市场的跨国巨头为追求短期高利润，往往将育种创新活动集中在最具市场价值的种子产品和植物性状上，而不是转向保障农业发展的可持续性，这会导致有益于社会价值的创新活动减少（Pray and Fuglie，2015；Fuglie，2016）[120-121]。此外，跨国企业集聚也加剧了各国农业市场竞争扭曲的风险，可能会造成贸易冲突、规则冲突、技术限制等新问题，尤其在南北国家间的均衡性影响方面，还会加剧南北种业竞争格局的不平衡程度（张琳琛和董银果，2020）[122]。

## 四、知识产权保护与农产品贸易的相关研究

与制造业领域内的文献研究相比，知识产权保护对农产品贸易的影响研究相对有限。在国外的研究中，Yang 和 Woo（2006）[123] 利用 1990~2000 年 60 个国家从美国进口种子的贸易面板数据，通过构建动态面板模型检验了知识产权保护对种子贸易的影响，研究结果表明，进口国是否遵守知识产权协定对从美国进口种子的贸易流量并无显著影响，这意味着知识产权保护与农产品贸易之间并无统计性关系。Eaton（2013）[124] 的研究结果与之类似，其同样认为植物新品种保护制度对种子贸易并无显著影响。Galushko（2012）[125] 基于美国 1995~2005 年 11 种大田作物种子出口数据进行了检验，检验结果与 Yang 和 Woo（2006）[123]、Eaton（2013）[124] 等研究结论不同，其认为东道国加强知识产权保护对从美国进口种子产品具有显著影响，但在不同作物类型中的影响效应存在差异：加入 TRIPs 协定以及遵循 UPOV 法案将有利于促进转基因作物的种子贸易，但是对于自由授粉和杂交产品的影响较小。Campi 和 Nuvolari（2015）、Campi 和 Macro（2016）[13][8] 基于 1995~2011 年 60 个国家的双边贸易数据，通过构建农业领域知识产权保护的指标

体系，检验了知识产权保护对农产品双边贸易的影响，研究发现，农业领域内知识产权保护对贸易的影响存在负向和不平衡的特征，进口国加强知识产权保护虽然有利于双边贸易联系的建立，但会对全球农产品贸易流量产生消极影响，尤其对发展中国家的负面影响最大。

反观国内研究，不同学者的研究结论也不尽相同。谭涛和张明杨（2012）[126] 基于 2001~2010 年中国蔬菜种子的出口面板数据进行了研究，研究发现，出口目的国遵循 UPOV 法案会显著抑制中国种子产品出口。陈超等（2012）[10] 的研究结论也验证了上述结论，其利用中国 2000~2009 年的种子出口面板数据进行了研究，研究发现，出口目的国加入 UPOV 会抑制中国种子出口贸易，同时也提到，有效力的品种权数量会促进中国种子出口贸易增长。Zhou 等 （2018）[127] 利用 134 个国家 1985~2010 年从美国进口大宗种子产品的贸易数据进行了研究，研究发现，加入 UPOV 并遵循 TRIPs 协定促进了从美国进口种子产品的贸易增长，同时也会受到进口国经济发展水平和政策执行力度的异质性影响。

# 五、文献评述

现有关于知识产权保护与国际贸易的研究已取得了一些成果，但仍有几个重要方面需要进一步研究和拓展。

第一，现有研究中关于知识产权保护与国际贸易的文献大多集中于工业制成品领域，虽然有少部分研究关注到农业领域内知识产权保护对育种创新以及贸易领域的影响，但有关农产品贸易的研究证据仍十分缺乏。此外，大多数文献主要聚焦于知识产权保护对发达国家的贸易影响，较少关注尚处于起步阶段的发展中国家，尤其对中国问题缺乏系统、全面的研究。因此，有必要将知识产权的贸易影响效应研究拓展到农业领域中，重点关注产权劣势和制度建设较为落后的发展中国家，剖析农业知识产权保护影响农产品贸易的理论逻辑和经验证据，进而弥补现有研究的不足。

第二，现有知识产权保护的相关经验研究大多采用 Ginarte 和 Park（1997）[18] 以及世界经济论坛（WEF）编制的知识产权保护指数，但该类指标较为笼统且不易分解，无法准确地反映知识产权保护对农业领域的具体影响。此外，由于人们对农业领域内知识产权保护制度演进历程的认知不足，加之有关国家的农业制度法规及贸易政策信息检索存在困难，现有文献中有关知识产权保护的贸易影响效应研究定性分析居多，而实证分析文献数量相对有限且内容存在争议，并没有形成统一的农业知识产权保护强度的量化标准和政策评估方法。因此，有必要基于历史回顾的角度解析农业知识产权保护制度的演进态势，并构建标准统一、评估准确的指标量化方案，以准确评估各国农业领域内知识产权保护强度，进而保证植物类农产品贸易影响研究的指标具有有效性。

第三，已有经验研究大多聚焦于知识产权保护对总体和行业贸易的直接影响效应，并未深入揭示知识产权保护影响农产品贸易的作用渠道，尤其是缺乏贯穿农业国际化进程背景下的机制设计和经验证据。知识产权保护对国际贸易的影响会反映在市场联系、贸易产品种类和数量等多个边际层面，但在农产品贸易领域的相关研究中，尚缺乏有关贸易边际的拓展性研究。因此，有必要借助计量方法、数据处理等手段，基于开放条件下的南北动态均衡视角，系统评估和解析知识产权保护对农产品贸易的市场边际、扩展边际和集约边际等多维度的影响效应，并正确认识其在南北国家间以及不同行业类型间的异质性影响。

第四，鲜有文献关注和探讨知识产权保护对农产品出口质量的影响，除了存在农业知识产权保护强度评估困难外，有效衡量各国农产品出口质量并进行国家间的横向比较也非常困难。国家间农产品出口质量关乎到育种创新水平，而农业知识产权保护对植物育种创新的影响本身就饱受争议，究竟是"保护创新"还是"伤害创新"，这涉及创新租金分配以及遗传资源垄断性等问题，正因为这些潜在的负外部性影响，才会有专利保护申请的严苛的门槛标准以及农民和育种者受保护特权等政策举措的产生。鉴于此，我们有必要聚焦于农产品出口质量的影响研究，明晰知识产权保护驱动农产品出口质量升级的影响机制和异质性特征，这不仅有助于我们正确认识农业知识产权保护的创新激励效率，同时也可以为农产品出口质量升级选择最优知识产权保护政策组合提供理论和事实依据。

第五，目前有关农产品贸易的研究还集中于传统国家双边贸易研究视域，而对于全球农产品贸易依赖网络的认知甚少。归根结底，国际贸易的本质是网络化结构。任何国家间的贸易依赖关系不仅取决于贸易双方，而且会受到贸易网络结构中其他国家的间接影响。因此，对农产品贸易的研究要跳出传统的国家双边贸易研究视域，要从国际贸易依赖网络结构的角度进行考察。贸易网络可以更完整、系统地呈现国家之间的贸易市场联系和相互依赖关系，现已经成为贸易经济研究的前沿领域。因此，有必要借助复杂网络关系的可视化分析以及网络拓扑结构演变影响因素的统计建模，评估农业知识产权保护对植物类农产品贸易依赖网络演化的影响，拓展有关农产品贸易的研究前沿。

# 第三章　农业知识产权保护：
# 制度演变与指标量化

## 一、引言

农业领域内知识产权保护制度的发展十分缓慢，历经了复杂的历史变迁且伴随诸多争议。19世纪和20世纪初期，植物育种创新并没有获得正式的知识产权保护，育种者往往利用商业机密、私人合同签订、声誉机制以及相关营销策略等手段来获取创新的短期利益，这些方法至今仍被广泛应用。然而，这种生物性或市场性的保密措施并不是育种者保护创新利益的最优策略，尤其大部分植物产品存在易自我复制的特性，使种子模仿者并不需要"反向工程"就可以轻易复制植物创新产品。随着育种方法和生物科学技术的进步，育种研发的投入成本和开发周期不断提高，传统的生物性或市场性的保密措施已经无法有效适应育种行业的商业化发展模式，加强对育种企业创新利益的保护又一次被提上议事日程，是否有必要在制度层面对植物创新产品实行专利保护政策开始引发广泛争论。植物创新产品作为生物遗传资源的载体，其是否真正符合"人工发明"产品的专利申请条件，这在许多国家的现行专利保护制度立法中仍是尚未解决的问题。植物创新产品的"私有化"引发的不仅是遗传资源垄断化以及由此产生的道德伦理问题，还关乎公众健康以及粮食安全等，因而引发诸多争议。对此，《国际植物新品种保护公约》（UPOV 公约）倡导采用一种不同于专利保护的特殊保护制度，即植物新品种保护制度（以下简称 PVP 制度），尝试通过保护农民和育种者的衍生培育特权来降低过度保护带来的负外部性问题。

　　传统经济学理论认为，授予企业对创新产品的独占特权可以保障企业收取创新租金，为企业研发创新提供事前的利润动机，进而促进均衡研发创新水平的提高（Arrow，1962；Romer，1990）[73-74]。但这一观点的立论基础来自"市场失灵"，这在理论上受到了许多学者的批评（Helpman，1993）[75]。创新成功者为实现利润不可避免地会将创新成果的利用效率限制在社会福利的最优水平之下，尤其是更严格的知识产权保护制度可能会提高垄断势力而限制知识共享，进而会抑制均衡创新率增长（Dosi et al.，2006）[76]。因此，知识产权保护在静态效率和动态效率之间不断进行折中和调整。在农业领域，植物育种创新的特殊性进一步增加了知识产权保护制度设计的复杂程度。那么，植物育种创新领域内知识产权保护制度的演进历程究竟如何？对此，本章聚焦于农业知识产权保护制度的演化进程，从专利保护系统和植物新品种保护系统两个方面的制度建设出发，全面解析法律制度设计和实施过程中所产生的争议。在此基础上，本章将知识产权法理论融入到应用经济学的量化方法论中，并参考 Campi 和 Nuvolari（2015）[13] 的指标测度方案，对世界各国农业知识产权保护强度进行指标量化和政策评估，进而突破以往文献研究对农业知识产权保护的认知不足、评估困难等瓶颈。

# 二、农业知识产权保护制度的演进路径分析

## （一）"人工发明"还是"自然产物"？——植物专利保护的界定

　　植物育种行业的起源可以追溯至 19 世纪，当时美国和欧洲等国家已经建

立了植物育种协会和研发机构，但植物育种创新并没有得到正式的法律制度保护，这使有关植物育种领域的研发创新大多由公共部门主导（Huffman and Evenson，2008；Alston et al.，2009）[128-129]。在传统的"自然学说"中，植物产品是"自然产物"，并不符合新颖性、创造性、非显而易见性和实用性等"人工发明"专利保护的申请条件。19 世纪末期，美国谷物、果蔬等园艺类私营育种者以及育种协会开始呼吁对植物育种创新实行专利保护，他们认为，需要激励措施以刺激私营部门的研发活动，进而减少公共农业研发支出（Kloppenburg，2004）[130]。第一次世界大战后的粮食短缺以及私营农业集团的兴起迫使美国的相关立法机构开始妥协。1930 年，美国立法机构颁布了《植物专利法》，其被认为是现代植物育种保护立法演变的开端（黄革生，1997）[12]，但其保护范围仅限于"在培育状态下发现并得以无性繁殖的植物品种"①，授予 20 年的植物专利权。美国的《植物专利法》是为满足园艺类育种者而专门制定的，这是特定利益集团政治施压的结果，而植物类产品的可专利性在当时仍存在较大的争议。到了 20 世纪后期，随着现代生物科学技术的快速发展，"生物创新的可专利性"这一观念开始逐渐被接受。在过去的几十年里，美国已经对植物自交系、杂交种、植物部分（如种子、花粉、水果和花）、生物技术方法、基因、DNA 序列等实施专利保护。

　　与美国不同，欧洲国家对"生物创新的可专利性"较为排斥。1973 年，由欧盟大多数成员国组成的《欧洲专利公约》（EPC）第 53 条（b）条款明确指出，植物产品存在可复制性且其私有化会违背"公共健康利益"，因而禁止对植物品种以及"实质上生物学"的生产技术和方法实行专利保护。随着现代生物技术的进步，这些国家对专利保护的呼声越加强烈，欧洲专利局也在积极探索植物发明专利的授权实践。之后，欧盟在 1998 年通过了有关生物技术的第 98/44 号指令，该指令以类似于美国植物专利保护的法律形式，将植物遗传资源信息纳入专利保护范围（李菊丹，2013）[131]。尽管遭到了非

---

　　① 仅限于培育芽变、变异体、杂种以及新秧苗，不包括茎块培育的植物和未培育状态下发现的植物品种，如马铃薯等食用块茎。

政府组织、消费者和一些欧洲国家的反对，欧洲专利局还是对 EPC 规则进行了修改，规定如果不限于特定的植物品种，允许对植物创新实行专利保护。在新 EPC 规则下，植物创新专利性的结构如图 3-1 所示。由图 3-1 可知，特定植物品种（椭圆 A，如金冠苹果为代表）以及特有部分性状（椭圆 B，如苹果品种的部分性状）的基因并不允许实行专利保护，而针对存在于多个植物产品中的共同植物基因性状（椭圆 C，如提高维生素 C 含量的基因性状，在苹果和西红柿中均适用），可以实行植物创新专利保护。

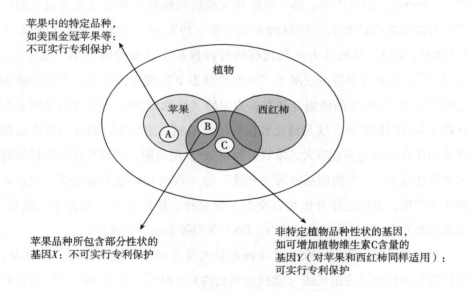

苹果中的特定品种，
如美国金冠苹果等：
不可实行专利保护

植物

苹果　西红柿

A　B

C

苹果品种所包含部分性状的
基因X：不可实行专利保护

非特定植物品种性状的基因，
如可增加植物维生素C含量的
基因Y（对苹果和西红柿同样适用）：
可实行专利保护

**图 3-1　植物创新可专利性保护结构**

现代生物技术在农业领域的发展与应用，尤其是转基因类植物品种由多种技术和生物特征元素构成，这给专利保护的制度设计、限定范围以及实施方法带来了新的挑战和复杂性。现如今，现代生物技术已经培育出了抗杂草和虫害以及抗盐、干旱、高温和低温等不同类型的植物品种，这些生物特性的基因性状以及许多与植物新品种开发有关的生产技术或方法已经在世界范围内获得专利保护。然而，关于 DNA 序列是否为一项发明或发现至今仍饱受争议。尽管在大多数国家，不允许对特定植物品种和整株植物实行专利保护，但在一些国家中，基因和 DNA 序列已成为可申请专利的对象。因此，尽管基因材料和生物技术可能会获得专利保护，但植物品种本身并不一定符合专利保护的条件，这也是许多国家的现行专利制度立法中尚未解决的问题（李菊丹，2017）[132]。

**（二）特殊保护系统——植物新品种保护制度的建立**

在美国开始实行植物专利保护制度后，欧洲的育种协会和私营企业也开始认识到植物育种领域内知识产权保护制度建设的重要性。在 1957 年巴黎举行的第一次国际会议中，欧洲各国就是否对植物育种创新实行知识产权保护问题展开探讨，最终决定创建一种不同于专利保护制度的特殊保护系统——植物新品种保护制度。1961 年，五个欧洲国家（比利时、法国、德国、意大利和荷兰）签署了《国际植物新品种保护公约》（UPOV），这标志着植物新品种保护的国际协调制度正式建立（以下简称 PVP 制度）。UPOV 先后修订并通过了"1961/1972 法案""1978 法案""1991 法案"，每个法案都提出了若干修正案，这成为 UPOV 成员国间植物品种多样性保护的重要协调机制。各法案提出了植物新品种的独占性保护要求，并扩大了植物品种权的覆盖范围和保护周期。创始国以外的其他欧美国家陆续加入 UPOV，并基于 UPOV 法案内容立法实施植物新品种保护政策。例如，美国效仿该保护制度内容，于 1970 年颁布了《植物品种保护法》，实行植物新品种保护制度；中国于 1997 年颁布了《中华人民共和国植物新品种保护条例》，对植物新品种实行法律保护，并于 1999 年加入了 UPOV，遵循"1978 法案"中的植物新品种保护内容。

相对于专利保护制度而言，UPOV 倡导的植物新品种保护制度所涵盖的植物创新产品范围较广（对创新性要求较低），并允许对植物新品种实行育种者权利保护，但其授予育种者的权利相对较弱。这主要体现在"1961/1972 法案""1978 法案"中提出的两个受保护的特权方面：第一，考虑到农民人工选种的重要性以及粮食安全问题，受保护的种子可以进行保存，由农民进行二次种植，但是禁止以盈利性为目的进行商业转售，被称作"保护农民特权"；第二，考虑到植物育种是基于生物遗传资源累积的创新行为，允许受保护的植物品种直接被其他育种者进行试验和改良，即"育种者特权"。之后，UPOV 在最新修订的"1991 法案"中进一步提高了保护强度，将"保护农民特权"视为选择项，并不实施强制性措施，但是提出了对于"保护植物衍生品"（EDV）的强制性限制，即"免除育种者特权"。该政策规定，育种者在对受保护植物品种进行试验和改良时，需要得到初始品种所有者的许可或利润分享，才可以进行研发和投放商业市场。

### （三）专利保护制度和植物新品种保护制度的推广与协调

专利保护制度和植物新品种保护制度的建设改变了植物育种创新缺乏保护的局面。尽管欧美发达国家率先发起了对植物育种创新领域的知识产权保护，但该制度在世界范围的推广却十分缓慢。最初，UPOV 成员国数量有限且大多为西欧、北美等少数发达国家，直到世界贸易组织（WTO）的《与贸易有关的知识产权协定》（以下简称 TRIPs 协定）于 1995 年生效以来，亚洲、非洲和拉丁美洲等发展中国家成员才陆续加入 UPOV 并承诺遵循 TRIPs 协定。TRIPs 协定对许多国家知识产权覆盖面和保护强度提出了更高的标准，规定各国必须建立与植物创新相关的知识产权保护制度，但对政策保护形式提出了灵活性要求，即成员国可以选择实行专利保护系统，也可以选择实行植物新品种保护系统（Brandl et al.，2019）[133]。UPOV 倡导的植物新品种保护制度符合 TRIPs 协定的保护标准，虽然各国可以不加入 UPOV 来满足 TRIPs 协定的要求，但这似乎成了各国加入 TRIPs 协定的首选路径，这导致 1994 年以来 UPOV 成员国的数量激增（见图 3-2）。截至目前，已有 75 个国家加入 UPOV，其中 58 个国家遵循了"1991 法案"，17 个国家遵循保护标准较低的"1961/1972 法案""1978 法案"，但仍有许多发展中国家并未加入 UPOV，如印度和泰国等农业大国。

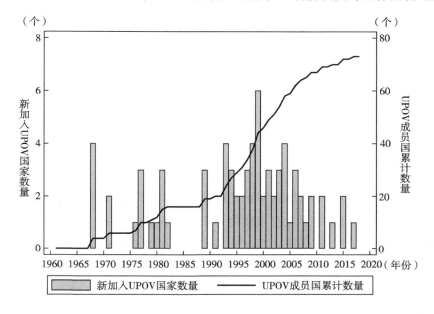

**图 3-2　历年 UPOV 成员国新增和累计数量规模**

由于专利保护系统与植物新品种保护系统的产品覆盖范围以及授权强度存在差异，因此不同国家对协调两者制度关系的处理模式也不同：一种是美国的自由选择型模式，即育种创新者根据产品授权标准，可选择实行专利保护或植物新品种保护的单重保护，或者实行两者的双重保护，尽管日本、韩国和澳大利亚等选择追随美国的自由选择型模式，其法律也允许对植物品种实行双重保护（Janis，2014）[134]，但目前对植物品种真正实行双重保护的似乎只有美国；另一种是欧盟制定的强制选择型模式，即植物新品种保护制度只针对创新的植物品种，而专利保护制度则为除植物品种之外的其他植物发明（生产方法、技术等）提供保护。在欧洲国家中，可申请专利的标的物中包括植物创新，但是植物品种本身不能被授予专利权，欧洲专利局还对"本质为生物创新"规定了专利性排除条款。目前，大多数国家推行欧盟的强制选择型模式。例如，中国在《中华人民共和国专利法》中明确规定，植物品种不可授予专利保护，而相关的生产方法和技术可以获得专利保护。

# 三、农业知识产权保护指标体系构建

## （一）指标内容解读

有效衡量各国农业领域内知识产权的保护强度并进行国家间的横向比较，是本书经验研究的关键。农业领域内知识产权保护主要有专利保护和植物新品种保护两种形式，两种形式制度建设的核心争议是产权保护范围的界定问题。随着生物科学技术的进步以及私营育种研发部门的兴起，专利保护系统和植物新品种保护系统也在不断进行协同演进和适时调整，两者之间保护范畴和保护形式的框架逐渐明晰。在此基础上，本章基于历史比较的视角，通过检索各国有关农业政策的法律条款，获取有关专利保护和植物新品种保护的关键制度设计内容，进而量化各国农业知识产权保护强度。本书参考 Campi 和 Nuvolari（2015）[13] 针对农业领域构建的知识产权保护指标度量方案，该指标内容主要由五部分组成，包含目前各国农业知识产权保护建设内容，分别为 UPOV 不同法案的遵守、"免除农民特权"、"免除育种者特权"、植物品种保护周期、专利保护范围五个部分。

### 1. UPOV 法案的遵守

该部分考虑了国家加入 UPOV 应当遵守的保护法案的类型："1961/1972 法案"是 UPOV 于 1972 年 11 月 10 日通过的对 1961 年制定的初始植物新品种保护公约的附加法修订；"1978 法案"是于 1978 年 10 月 23 日对"1961/1972 法案"的附加法修订；"1991 法案"是 1991 年 3 月 19 日对之前法案的进一步修订。首批 UPOV 成员国在早期阶段就为植物新品种制定了知识产权保护制度安排，并且在后期不断对原有保护体系设计进行完善和修订，因而每一项新法案均提出了若干修正案，针对植物品种的"私有化"保护提出更为严格的要求。UPOV 的第一批成员国签署了"1961/1972 法案"，之后也获批和遵循了随后的所有法案修订。随着 UPOV 法案的不断修订和完善，后期加入 UPOV 的成员国可以决定所遵循法案的版本类型。值得注意的是，在 1998 年后加入 UPOV 的新成员，被规定不允许加入"1978 法案"，只能加入最新修订的"1991 法案"。因此，成员国在签署最新保护法案时，也默认遵循了之前所有的保护法案内容。

2. "免除农民特权"

该部分考虑了是否存在农民特权行为，即农民是否有权自由使用受保护植物品种的种子收获品进行留种二次种植，同时在某些情况下，还考虑了农民私自留种进行商业转售的问题。在"1961/1972 法案""1978 法案"中，农民特权是强制性存在的，而在"1991 法案"中农民特权成为可选择项。美国和欧盟部分国家禁止留种行为，而在另一些国家，该做法仍然很普遍。农民在无任何补偿机制的条件下，私自将受保护植物品种的收获品留种二次种植和商业销售是对产权所有者的伤害。因此，国家若明确立法禁止农民特权行为，或者要求农民在利用受保护植物品种获益时需要对初始品种所有者进行货币补偿，即"免除育种者特权"，则意味着提升了对育种创新品的知识产权保护强度。

3. "免除育种者特权"

该部分考虑了是否存在育种者特权，即育种者是否有权自由使用受保护植物品种进行试验和改良。显然，"免除育种者特权"会提升植物品种的"私有化"保护强度。"1961/1972 法案""1978 法案"均允许保护育种者特权。然而，"1991 法案"引入了"本质衍生品种"的概念，进而对育种者特权进行了限制。"本质衍生品"指的是由初始品种改良部分性状而得到的新品种，"免除育种者特权"则确立了派生品种权的权益，受保护的品种不得进行二次研发并用于商业用途，均须得到原育种者授权。实际上，目前大部分国家仍然保护育种者特权，但也存在部分国家采纳"本质衍生的多样性"原则，通过明确立法免除育种者特权的存在。

4. 植物品种保护周期

该部分考虑了对植物品种实施保护的时间周期。法案对植物品种的保护期限常常按照植物品种类型进行区分，如草本植物、木本植物和藤本植物，通常草本植物的受保护周期较短。"1961/1972 法案""1978 法案"对植物品种的保护周期最低年限为 15 年，而对木本植物和藤本植物的最低保护周期是 18 年。"1991 法案"规定，植物品种最低保护年限延长为至少为 20 年，而对于木本植物和藤本植物则最低设定为 25 年。考虑到国家对不同植物品种实施的保护周期存在差异，本书在考虑构建指标时，统一按照设定时间最长的保护周期为基准进行计算。

5. 专利保护范围

该部分考虑了国家实施与植物育种相关的专利保护领域范畴，主要包括食品、动植物、微生物、药物以及特定植物品种等（有性繁殖或无性繁殖），其均与育种权利保护存在直接和间接的影响，可以有效反映出国家对农业育种相关专利保护的"广泛态度"。①食品，主要反映对有关农产品加工类产品的保护；②动植物，当创新不限于某一特定品种时，国家对动植物类型的农产品实行一般性专利保护；③微生物，对育种创新领域中转基因等现代生物技术应用的专利保护；④药物，考虑到多种植物类药品的开发和利用依赖于生物多样性和遗传资源保护；⑤特定植物品种，涵盖的是"特定"的植物品种专利保护，这里要与一般性的动植物进行区分。出于"公共健康利益、道德、卫生安全以及粮食安全"的考虑，许多国家并没有将植物品种作为可专利申请的对象。TRIPs 协定也并未做强制性要求，只明确提出需要对微生物、育种技术实施专利保护。目前，只有美国、澳大利亚、日本和韩国将特定植物品种作为可专利的主题，其被认为是更严格的农业知识产权保护措施。

（二）测度体系构建

基于上述指标构成内容的解读，本书构建的农业知识产权保护指标构建评分表如表 3-1 所示。

**表 3-1 农业知识产权保护指标构建**

| 指标构建 | 指标范围 | 得分范围 | | 标准化评分 |
|---|---|---|---|---|
| UPOV 法案的遵守 | "1961/1972 法案" | 0~1 | 0~3 | 0~1 |
| | "1978 法案" | 0~1 | | |
| | "1991 法案" | 0~1 | | |
| "免除农民特权" | 是否支持"免除农民特权" | 0~2 | 0~2 | 0~1 |
| "免除育种者特权" | 是否遵守"本质衍生品种保护" | 0~1 | 0~1 | 0~1 |
| 植物品种保护周期 | 植物专利保护时间年限 | 0~35 | 0~35 | 0~1 |
| 专利保护范围 | 食品 | 0~1 | 0~5 | 0~1 |
| | 动植物 | 0~1 | | |
| | 微生物 | 0~1 | | |
| | 药物 | 0~1 | | |
| | 特定植物品种 | 0~1 | | |
| 总得分 | | 0~46 | | 0~5 |

各项指标的评判标准为：①UPOV 法案的遵守：UPOV 先后颁布"1961/1972 法案""1978 法案""1991 法案"。根据每个国家加入 UPOV 的时间和遵守的法案类型进行量化得分，每遵守一个法案得 1 分，遵守三个法案得 3 分，新加入 UPOV 的国家默认遵守之前的法案。②"免除农民特权"：衡量农民是否有权利用受植物品种保护的种子收获品进行二次种植，这一特权还考虑农民将其收获的产品作为种子用于商业用途。国家立法完全免除农民特权，得 2 分；如果对农民特权范围进行限制，得 1 分；如果完全支持，则得 0 分。③"免除育种者特权"：国家是否立法支持"本质衍生多样性保护"的条款，即在受保护植物新品种的基础上进行研发还要不要获得初始品种所有者的授权。如果支持，得 1 分；不支持，则得 0 分。④植物品种保护周期：通常在加入 UPOV 后，国家立法对植物新品种的保护年限为 15~35 年，根据各国立法规定保护年限进行量化得分。⑤专利保护范围：国家是否在食品、动植物、微生物、药物、特定植物品种五个方面进行专利立法保护，根据国家专利立法保护覆盖范围进行量化得分，每涉及一项得 1 分。

在上述基础上，本书根据各部分得分进行标准化处理，将每一个评分系统下的得分转化为 0~1 的新指标，计算公式为：$X_{it} = [x_{it} - \min(x_i)]/[\max(x_i) - \min(x_i)]$，其中，$x_{it}$ 为该部分的每年得分，$X_{it}$ 为被转化后的得分指标（取值范围为 0~1），进而对五个部分得分进行加总，得出样本国家在不同年份的农业知识产权保护强度（取值范围为 0~5）。

### （三）数据来源

本书中农业知识产权保护指标的信息获取是通过检索各个国家有关农业领域的立法文件获得，大多是通过相关法律的门户网站进行查阅和记录。其中，有关世界各国 UPOV 法案遵循的信息数据来源于 UPOV 官网（https://upov.int/upovlex/en/notifications.jsp）中的相关正式通知文件，这些文件记录了各个国家加入 UPOV 的时间以及所遵循的法案类型；其余子指标数据主要来源于网站信息检索，大多来源于农民权利数据库（https://www.farmersrights.org/database）、世界法律指南（https://www.lexadin.nl/wlg/）、知识产权法律和条约数据库（https://www.wipo.int/wipolex/en/）。

## 四、世界各国农业知识产权保护强度比较

本书按照上述测度方案测度了 1995~2017 年 101 个国家的农业知识产权保护强度（样本国家范围见附录1）。为进一步了解样本国家的农业知识产权保护强度变化，本书对样本国家每五年的指标测度结果进行了统计性描述，结果如表 3-2 所示。

表 3-2　每五年的农业知识产权保护强度统计性描述

| Period | %Obs＝0 | %Obs＞0 | Mean（Obs＞0） | Mean | Std. Dev. | Min | Max |
|---|---|---|---|---|---|---|---|
| 1995~2000 年 | 16.17 | 83.83 | 1.7937 | 1.5037 | 1.3226 | 0 | 4.66 |
| 2000~2005 年 | 4.36 | 95.64 | 2.5091 | 2.3998 | 1.4005 | 0 | 4.66 |

续表

| Period | %Obs＝0 | %Obs>0 | Mean（Obs>0） | Mean | Std. Dev. | Min | Max |
|---|---|---|---|---|---|---|---|
| 2005~2010 年 | 2. 38 | 97. 62 | 2. 9381 | 2. 8683 | 1. 2492 | 0 | 4. 66 |
| 2010~2015 年 | 0. 79 | 99. 21 | 3. 1859 | 3. 1607 | 1. 0824 | 0 | 4. 66 |
| 2015~2017 年 | 0. 00 | 100. 00 | 3. 2916 | 3. 2916 | 0. 9391 | 0. 71 | 4. 66 |

由表 3-2 可以看出，TRIPs 协定推行后的最初五年内，还有 16. 17% 的样本量存在农业知识产权保护强度为 0 的现象，之后该数值逐渐降低，直到 2015 年后，样本国家的农业知识产权保护建设覆盖率达到 100%。样本国家农业知识产权保护强度数据随时间变化表现出显著的递增趋势，从最初的平均 1. 5037 增长至 3. 2916，其标准差也表现出一定的递减趋势，这意味着样本国家的农业知识产权保护强度差距表现出收敛性趋势。

为进一步了解发达国家和发展中国家之间的农业知识产权保护强度建设变化，本书进一步将全样本国家分为发达国家和发展中国家两组，并绘制出了农业知识产权保护强度箱形变化图（见图 3-3）。由图 3-3 可以看出，整体而言，农业知识产权保护强度呈现稳步增长且收敛化趋势，但发达国家与发展中国家间保护强度水平差距明显：发达国家农业知识产权保护制度建设起步较早且保护强度逐年攀高，2010 年后发达国家农业知识产权保护强度指数稳定在 4 左右；而发展中国家则起步相对较晚且不同国家间发展水平分化明显，在 TRIPs 协定的推动下，虽然大部分发展中国家开始重视对植物品种的保护，其知识产权保护强度呈现稳步提升趋势，但仍有部分发展中国家农业知识产权保护力度相对落后。

为进一步了解具体样本国家的农业知识产权保护强度变化，本书选取了发达国家和发展中国家两组中农产品出口贸易排名前 10 位的国家，并列出了这些国家每间隔五年的农业知识产权保护强度数据，具体如表 3-3 和表 3-4 所示。从发达国家样本组中可看出，在 TRIPs 协定推行之初，部分发达国家就已经制定了较为完善的农业知识产权保护制度，如美国、德国以及澳大利亚，这些国家 1995 年的农业知识产权保护强度数据均保持在 3 以上。之后，发达

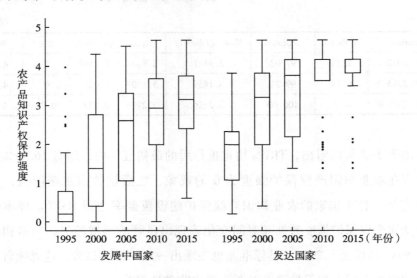

图 3-3  农业知识产权保护强度变化箱式图

表 3-3  典型发达国家农业知识产权保护强度

|  | 1995 年 | 2000 年 | 2005 年 | 2010 年 | 2015 年 |
|---|---|---|---|---|---|
| 美国 | 3.38 | 3.71 | 3.71 | 3.71 | 3.71 |
| 法国 | 2.18 | 2.18 | 2.18 | 2.32 | 4.16 |
| 荷兰 | 2.18 | 3.51 | 3.66 | 4.16 | 4.16 |
| 德国 | 3.82 | 4.16 | 4.16 | 4.16 | 4.16 |
| 意大利 | 2.32 | 3.82 | 3.82 | 3.82 | 3.82 |
| 西班牙 | 1.45 | 3.20 | 3.20 | 3.87 | 3.87 |
| 加拿大 | 1.98 | 1.98 | 1.98 | 1.98 | 3.51 |
| 英国 | 2.12 | 4.16 | 4.16 | 4.16 | 4.16 |
| 比利时 | 1.65 | 1.65 | 1.85 | 1.85 | 3.49 |
| 澳大利亚 | 3.68 | 4.21 | 4.21 | 4.21 | 4.21 |
| 平均值 | 2.476 | 3.258 | 3.293 | 3.424 | 3.925 |

表 3-4  典型发展中国家农业知识产权保护强度

|  | 1995 年 | 2000 年 | 2005 年 | 2010 年 | 2015 年 |
|---|---|---|---|---|---|
| 巴西 | 0.00 | 3.28 | 3.28 | 3.28 | 3.28 |

续表

| | 1995 年 | 2000 年 | 2005 年 | 2010 年 | 2015 年 |
|---|---|---|---|---|---|
| 中国 | 0.60 | 1.84 | 1.84 | 1.84 | 1.84 |
| 墨西哥 | 0.80 | 1.98 | 1.98 | 1.98 | 1.98 |
| 泰国 | 0.60 | 1.59 | 1.59 | 1.59 | 1.59 |
| 印度 | 0.00 | 0.00 | 2.11 | 2.11 | 2.11 |
| 阿根廷 | 1.64 | 1.84 | 1.84 | 1.84 | 1.84 |
| 土耳其 | 0.4 | 0.6 | 2.96 | 3.96 | 3.96 |
| 越南 | 0.4 | 0.4 | 2.11 | 3.11 | 3.11 |
| 俄罗斯 | 3.30 | 4.30 | 4.30 | 4.30 | 4.30 |
| 智利 | 0.91 | 1.58 | 1.78 | 1.98 | 1.98 |
| 平均值 | 0.865 | 1.741 | 2.379 | 2.599 | 2.599 |

国家的农业知识产权保护制度也在不断完善和成熟，到了 2015 年，各国农业知识产权保护平均强度数据达到了 3.925，如法国、荷兰、德国、英国和澳大利亚的农业知识产权保护强度数据达到了 4 以上。

反观发展中国家，农业知识产权保护制度建设起步较晚且发展程度相对较低。1995 年，本书所选取的发展中国家平均农业知识产权保护强度数据仅为 0.865，除俄罗斯和阿根廷外，各国的农业知识产权保护强度数据均小于 1，尤其是巴西和印度的农业知识产权保护强度数据为 0。随着 TRIPs 协定的不断推行，各个发展中国家的农业知识产权保护制度建设进程不断加快。巴西、土耳其、越南以及俄罗斯表现出较快的制度建设趋势，2015 年，这些国家农业知识产权保护强度数据均超过了 3。其余发展中国家的农业知识产权保护建设进程较慢且发展水平较低，如泰国、中国、阿根廷等，2015 年，这些国家农业知识产权保护强度数据均不足 2。以中国为例，1995 年的农业知识产权保护强度数据为 0.6（来源于专利保护范围）。加入 WTO 以来，中国开始遵循 UPOV 的"1978 法案"并制定了植物品种保护周期，2000 年后的农业知识产权保护强度数据为 1.84，与发达国家以及部分发展中国家相比仍存在较大的差距，尤其在"免除农民特权""免除育种者特权"的制度建设方面还留有空白。由此可见，中国的农业知识产权保护力度还有待进一步提升。

# 五、本章小结

近几十年来，学术界关于知识产权保护对研发创新的影响争议不断，主要包括全球知识产权协作体系深化、创新激励效率、垄断的社会成本以及技术资源转移等一系列问题。农业领域内知识产权保护制度建设虽起步较晚，但同样面临着诸多的类似争议。不仅如此，育种创新产品作为承载生物遗传资源的复杂有机体，其私有化保护还涉及遗传资源垄断性、公共健康利益和粮食安全等问题，这更是增添了农业知识产权保护影响的争议的复杂性和不确定性。本章聚焦于农业领域内知识产权保护制度建设的演化历程，旨在全面解析专利保护与植物新品种保护制度设计和实施过程中所产生的争议，进而通过构建农业知识产权保护强度的综合性量化指标，以更好地了解世界各国农业知识产权保护的强度变化。本章的研究结论主要包括：

第一，农业知识产权保护制度建设的核心争议是植物育种创新产权保护范围的界定问题。随着生物科学技术的进步以及私营育种研发部门的兴起，专利保护系统和植物新品种保护系统也在不断进行协同演进和适时调整，两者的保护范畴和保护形式的框架逐渐明晰。专利保护系统更倾向于保护植物培育方法以及与基因工程有关的技术创新，而植物新品种保护系统则主要涉及培育植物新品种的育种者权利保护，因此不可避免地会出现二者之间定位模糊和保护层次重叠等问题，这也是现阶段各国在制度建设中需不断着力解决的难题。

第二，本书参考了 Campi 和 Nuvolari（2015）[13] 针对农业领域构建的知识产权保护指标度量方案。该指标基于历史比较的视角，通过检索各国农业立法信息和法律条款，获取了包括 UPOV 法案的遵守、"免除农民特权"、"免除育种者特权"、植物品种保护周期和专利保护范围五个方面的立法信息，量化了各国农业知识产权保护强度。该指标体系的应用和测算结果有助于我们认知并横向比较世界各国农业知识产权保护强度变化，同时也保障了本书经验研究中农业知识产权保护指标的代表性以及政策评估的有效性。

第三，随着 UPOV 和 TRIPs 协定的推行，世界各国农业领域内知识产权保护强度不断提升且呈现收敛性趋势，尤其是中、低收入的发展中国家开始不断填补育种创新保护领域的制度空白。发达国家农业知识产权保护制度建设起步早且发展水平较高，2010 年后这些国家的农业知识产权保护强度数据稳定在 4 左右。相比之下，发展中国家则发展相对缓慢且分化明显，仍有部分发展中国家农业知识产权保护力度相对落后，其中还包含中国、泰国和阿根廷等农产品贸易大国。

# 第四章　知识产权保护与植物类农产品贸易规模变化：跨国经验证据

## 一、引言

在过去的几十年里，UPOV 和 TRIPs 协定促使世界各国在植物育种创新领域的知识产权保护制度建设水平不断提高，尤其是亚洲、非洲、拉丁美洲等发展中国家开始着手"填补"农业知识产权保护领域的制度空白，这在一定程度上推动着全球农业生产和贸易格局的调整。欧美等发达国家植物育种创新领域的经验不断累积，这些国家农业知识产权保护制度建设起步早且发展水平较高，因而掌握了全球农业育种领域内的大多数知识产权，其在国际农产品贸易市场中的竞争优势不断加大（Clancy and Moschini，2017）[89]。反观发展中国家，其在育种研发、植物新品种权申请以及现代生物技术应用等多个领域与发达国家存在较大差距（任静等，2019）[116]。发达经济体凭借其拥有的核心生物技术、植物品种权优势，在后 TRIPs 时期"新自由主义农业政策"的主张下，不断支持本国农业垄断资本、贸易产品开拓国际市场，巩固了其在全球粮食生产和贸易体系中的主导地位，不仅如此，它们还掌握着农产品国际贸易规则制定的话语权（Larochedupraz and Huchetbourdon，

2016)[135]。受制于南北经济体在全球农业知识产权布局中的实力差距悬殊，这使发展中国家在全球植物类农产品贸易竞争中处于劣势（Marchal et al.，2011)[15]。那么，农业领域内的知识产权保护对植物类农产品贸易的影响究竟如何？农业知识产权保护对南北国家植物类农产品贸易的影响效果有何差异？这种差异是否会造成贸易失衡？为回答这些问题，本书聚焦于农业知识产权保护对世界植物类农产品贸易的影响展开研究。

现有文献大多关注知识产权保护对工业制成品贸易的影响，而针对农业领域的影响研究较少且存在分歧。部分研究指出，农业知识产权保护有利于降低贸易壁垒而改善农产品贸易，尤其提高了种子贸易的流通性（Galushko，2012；Zhou et al.，2018)[125][127]；还有部分研究认为，农业领域内更强的知识产权保护制度会限制生物遗传资源的有效利用，更易阻碍农业技术转让和农产品贸易（Campi and Marco，2016)[8]。知识产权保护对农产品贸易的影响究竟是积极的还是消极的，人们对此尚存在较大争议，但遗憾的是，现有文献的经验研究证据仍十分缺乏。其主要原因在于各国农业相关政策法规的信息检索以及影响效应评估相对棘手，使现有研究大多为定性分析，而缺少跨国经验研究证据。基于此，为弥补现有研究的不足，本书从两个方面展开了研究：第一，将贸易双向（出口方和进口方）农业知识产权保护纳入统一分析框架，分别探讨了出口方知识产权保护形成的比较优势培育和市场垄断势力，以及进口方知识产权保护造成的贸易模式选择和南北均衡竞争，进而从理论层面系统地厘清了双向农业知识产权保护的贸易影响效应；第二，利用农业领域知识产权保护强度指标（指标测度方案见第三章），综合检验了出口方和进口方农业知识产权保护对植物类农产品贸易总量、贸易边际（产品种类与数量）以及新市场贸易联系的影响，同时还检验了国家、行业双重异质性视角下的贸易影响效应，这有助于我们了解南北国家间农业知识产权布局差距下的贸易发展态势。

# 二、理论分析

现有关于知识产权保护对国际贸易的影响的理论研究大多围绕 Maskus 和 Penubarti（1995）[16] 的局部均衡理论展开，侧重于探讨贸易企业在产权利益保护下的出口模式选择，而并未深入揭示知识产权保护影响贸易的潜在作用渠道，且少有研究关注全局视角下产权劣势一方的贸易发展困境，农业领域内的相关研究更是匮乏。此外，现有文献研究大多只关注单一方知识产权保护对贸易的影响，而忽视了"双重市场"知识产权保护的贸易影响效应。基于此，本书将贸易双方（出口方和进口方）知识产权保护纳入统一分析框架中，并结合植物类农产品贸易的特点以及南北农业知识产权竞争格局，系统地论述了农业知识产权保护对植物类农产品双边贸易的影响。

## （一）出口方知识产权保护视角

### 1. 比较优势培育：激励创新

知识产权保护与行业研发创新水平关系密切，往往直接决定了一国出口贸易的比较优势，这在农业领域中同样不可偏废（Campi and Marco，2016）[8]。首先，出口方知识产权保护制度会改善和协调国内农业私营部门的研发创新活动，其所带来的农业生产率、产品质量的提升效应会提高贸易竞争实力，进而促进农产品出口规模增长（余长林，2016）[64]。例如，随着分子标记辅助、基因工程等现代生物科学技术的进步，植物育种的开发周期和研发投入成本不断提高，这对创新利益的保护提出了更高的要求（McDougall，2011）[84]。农业知识产权保护制度可以有效保障育种企业收取创新租金，有助于激励企业育种研发活动的开展，进而提升一国农业生产和出口贸易竞争力，这在不少学者的经验研究中得到了证实（Payumo et al，2012；Campi，2017）[103][9]。其次，出口方知识产权保护制度的完善有助于提升国家区位优势，通过降低农业资本流动和技术合同的交易成本，提高国家间种质资源分享、专利技术转让以及技术溢出等形式的农业技术互补与协作。部分学者的经验研究提出，一国加入 UPOV 并实行植物新品种保护法案会有助于提高种子贸易形式的技术转让（Zhou et al.，2018）[127]。最后，除了研发创新层面，农业知识产权保护范围还延伸至具备特定地域、植物性状特征的农产品类型，使拥有特定品种优势的传统农产品同样受益。例如，TRIPs 协定明确提出将"地理标识"属性农产品纳入到保护范围，提高了对生物遗传资源和植物品种多样性的保护（孙林等，2019）[137]，这有助于维护特定农产品的品牌声誉和产权利益，为更多农产品种类的出口比较优势培育提供制度保障，进而促使出口贸易种类增长。

2. **市场垄断势力：伤害创新**

毫无疑问，农业知识产权保护通过激励创新有助于培育其植物类农产品出口贸易比较优势，但植物类农产品的本质为"生命有机体"，其遗传资源的"私有化"也会引发垄断的社会成本、技术壁垒限制和粮食安全等诸多问题，所造成的垄断负外部性可能会伤害一国农业生产和贸易竞争力（Campi，2018）[138]。首先，由于生物创新存在遗传资源积累性特征，植物育种无论是通过传统方法还是依靠现代生物技术，都是长期遗传资源累积和不断改良的结果，若没有获取实际的相关种质资源就无法进行育种改良，因而衍生品培育是实现生物多样性的重要组成部分（Clancy and Moschini，2017）[89]。更高的农业知识产权保护强度将植物遗传资源从自由获取的公共品转变为盈利的私有品，这可能会提高种质资源的获取成本而减缓育种创新的步伐。不少学者提出，更严格的农业知识产权保护更适用于激励高成本、高开发周期的转基因植物研发，并不适用于占主体地位的传统育种行业的技术溢出（邓武红，2007）[96]。其次，由于植物遗传资源具备极强的可垄断性，这使现如今农业领域的大多数知识产权仍控制在欧美发达国家的少数跨国公司手中（如杜邦先锋、孟山都、拜耳等），这些跨国巨头在大田作物、果蔬和花卉等多个农产品行业占据垄断地位（Dutfield，2009；Moser et al.，2015）[90][111]。因此，在国家间植物遗传资源、种子专利等实力极不均衡的条件下，更高的知识产权保护强度可能会加深产权劣势国的外部技术依赖，这会严重阻碍其贸易竞争力培育。以中国为例，为数不多的育种企业除在水稻等大田作物行业具备较强的原始创新能力外，在蔬菜、花卉等多个育种领域主要基于发达国家或国内领先的科研机构原始种质的衍生品派生和选育。部分学者提出，中国若执行更严格的 UPOV 保护法案会制约育种行业的研发创新（黄钢，2006）[88]。

命题 1：出口方加强农业知识产权保护对植物类农产品出口贸易存在"双刃剑"影响特征。一方面，农业知识产权保护通过激励植物创新、技术协作和保护植物品种多样性，有助于提高贸易比较优势，进而促进植物类农产品出口贸易总量、产品种类增长；另一方面，更严格的知识产权保护也会因市场垄断势力而伤害创新，这会阻碍农产品出口贸易增长，尤其对于产权劣势的发展中国家尤为不利。

**（二）进口方知识产权保护视角**

*1. 贸易模式选择：市场扩张与市场势力*

从局部均衡角度来看，进口方农业知识产权保护通过降低模仿威胁、契约执行等贸易成本和交易不确定（余长林，2015）[45]，有助于改善跨国贸易企业的贸易条件，这会同时产生市场扩张和市场势力效应，因而对植物类农产品贸易的影响方向并不确定。一方面，进口方农业知识产权保护通过保障跨国贸易企业的所有权利益，有助于增强其贸易比较优势而刺激产生市场扩张效应，扩大跨国贸易企业的新贸易联系和贸易边际增长。例如，UPOV 各法案提出的免除育种者特权、免除农民特权以及设定植物品种保护周期等措施，可以有效降低农产品被二次繁殖、二次研发以及模仿复制的可能性。此外，产权保护范围扩大将更多的农产品种类纳入保护范围，有助于降低农产品品牌声誉的维护成本，如"地理标识"属性农产品等，这都会吸引更多的跨国企业和农产品类型进入贸易市场，进而正向作用于植物类农产品贸易增长。另一方面，进口方贸易条件改善也可能会加强现存跨国贸易企业的市场垄断势力和排他性，进而刺激产生市场势力效应，降低农产品贸易流量增长。

世界农产品贸易普遍存在较高的出口集中度。例如，美国 ADM 等四大粮商控制了全球 80% 的粮食贸易（尹成杰，2010）[118]。进口方较高的知识产权保护强度更有可能会强化跨国贸易企业的粮食定价能力和植物品种优势等，进而促使其通过降低农产品贸易流量以提高利润。不少研究指出，诱导贸易企业提高价格和减少销量的市场势力效应可能不适用于全球价格确定的标准化工业产品，而对于植物品种类型、质量差异较大的农产品而言更有可能存在市场势力效应（Maskus，2000）[23]。农业跨国公司凭借粮食贸易的寡头垄断地位和国际贸易规则的掌控①，以及粮食短缺假象的制造来抬高粮价以获取利润。

2. 南北均衡竞争：市场挤入与市场挤出

尽管进口方加强农业知识产权保护在局部均衡中有助于改善贸易条件，但从全局均衡的角度来看，增强知识产权保护也会加剧进口贸易市场中的产权势力竞争程度（黄先海和卿陶，2020）[139]。鉴于南北国家间在农业技术研发、粮食生产和贸易体系中的实力分化悬殊，进口方加强知识产权保护可能会更有利于产权优势的发达国家跨国贸易企业的市场挤入，而削弱产权劣势的发展中国家的贸易竞争力，造成其贸易市场挤出。随着农业国际化进程的加深，以发达国家为首的跨国企业依托高额农业补贴、生物技术优势、资本优势以及贸易规则利用优势等手段，对全球粮食产业链进行逐步渗透和控制，其在国际农产品贸易市场中的竞争优势不断加大（杨静等，2017）[140]。进口方更强的知识产权保护制度已成为拥有产权、技术优势的跨国公司扩大贸易市场垄断势力的助推器，使其在发展中国家农产品生产、加工、流通和贸易等粮食产业链的各个环节都拥有一定的垄断控制权，这不仅阻碍了发展中国家粮食生产和贸易系统，还提高了发展中国家的农产品进口贸易依赖性（尹成杰，2010）[118]。此外，发达经济体还会利用农业技术垄断形成技术壁垒限制，通过关键种业技术锁定、高昂专利使用费等手段带来的价格优势，向发

_____

① 由发达经济体主导达成的 WTO《农业协定》，制定了许多更有利于发达国家的贸易条款，如农业补贴政策、市场开放程度和关税配额管理等不公平安排。

展中国家推广其特定植物品种而排挤其他同类农产品种植，进而巩固了其在贸易市场中的主导地位，挤出了发展中国家同类产品的贸易市场份额（Maskus and Yang，2013）[57]。对此，不少学者的经验研究表明，世界范围内推行更强的农业知识产权保护会对发展中国家农产品出口贸易尤为不利（Campi and Marco，2016；张琳琛和董银果，2020）[8][122]。

命题 2：进口方加强农业知识产权保护通过改善贸易条件而产生市场扩张和市场势力效应，前者促进了植物类农产品贸易边际增长和新市场贸易联系建立，而后者会因加强跨国企业的市场垄断势力和排他性而抑制贸易流量增长，在两种效应的综合作用下，使农业知识产权保护对植物类农产品贸易的影响方向并不确定。

命题 3：进口方加强农业知识产权保护加剧了贸易市场中的产权势力竞争程度，可能会造成世界植物类农产品贸易失衡，其更有利于产权优势的发达国家跨国贸易企业的市场挤入，而造成产权劣势的发展中国家的市场挤出。

# 三、计量模型构建与数据说明

## （一）计量模型建立

### 1. 基准回归模型

引力模型作为研究贸易行为的经典模型，在农产品贸易领域中得到了广泛的应用（Dal Bianco et al.，2016）[141]。为检验农业知识产权保护对植物类农产品贸易的影响，本书采用扩展的贸易引力模型进行了实证检验，基准模型设定如下：

$$lntrade_{ijt} = \alpha_0 + \alpha_1 ipr_{it} + \alpha_2 ipr_{jt} + \beta_x Control_{ijt} + \gamma_i + \gamma_j + \gamma_{i*j} + \gamma_t + \varepsilon_{ijt} \tag{4-1}$$

其中，下标 $i$、$j$、$t$ 分别代表出口方、进口方和时间，$lntrade_{ijt}$ 为植物类农产品贸易总量，$ipr_{it}$ 和 $ipr_{jt}$ 分别代表出口方、进口方农业知识产权保护强度，$Control_{ijt}$ 为控制变量，$\alpha$ 和 $\beta$ 分别为变量的系数，$\gamma_i$、$\gamma_j$ 和 $\gamma_{i*j}$、$\gamma_t$ 分别为出口方固定效应、进口方固定效应、"出口方–进口方" 交互固定效应和时间固定效应，$\varepsilon_{ijt}$ 是误差项。本书采用多重固定效应估计方法，旨在控制遗漏变量，排除其他可观测或不可观测的因素对双边贸易的影响。国家层面固定效应（$\gamma_i$、$\gamma_j$），主要控制贸易双方市场环境的地区差异性影响；"出口方–进口方" 交互固定效应（$\gamma_{i*j}$）旨在控制国家间关系对贸易的影响，比如贸易协定等政治因素；时间固定效应（$\gamma_t$）控制农产品贸易平均增长和价格因素等随时间变化的影响。

2. 辅助回归模型

两国双边贸易关系有时会存在贸易额为零的现象，然而在传统的引力模型（4–1）中，对因变量取对数处理，只会识别贸易额为正值的样本，从而造成零贸易值的样本缺失（零值的对数不存在）。因此，这可能会存在因样本选择性缺失而导致的内生性问题（Helpman et al.，2008）[142]。对此，Santos 和 Tenreyro（2006，2010）[143-144] 提出了稳健性检验方案，提出采用泊松最大似然（PPML）方法来估计引力方程，可以将因变量的零观测值包含在内进行回归检验。本书借鉴此方法进行了回归检验，具体的模型构建如下：

$$trade_{ijt} = \exp\left[\alpha_0 + \alpha_1 ipr_{it} + \alpha_2 ipr_{jt} + \beta_x Control_{ijt} + \gamma_i + \gamma_j + \gamma_{i*j} + \gamma_t\right] + \varepsilon_{ijt} \qquad (4-2)$$

其中，$trade_{ijt}$ 为贸易总量原值（包含零值）。本书中的 PPML 估计依然采用加入 $\gamma_i$、$\gamma_j$、$\gamma_{i*j}$、$\gamma_t$ 的多重固定效应。虽然部分学者提出，当样本中存在大量的零观测值时，可能会造成 PPML 估计结果有偏（Burger et al.，2009）[145]，但 Santos 和 Tenreyro（2011）[146] 随后通过采用蒙特卡罗模拟表明，即使样本中存在较多零值，PPML 的估计结果也表现出稳健性。

3. 新贸易联系检验

知识产权保护制度可能会通过影响贸易市场边际而影响双边贸易总量，即建立新市场贸易联系的可能性（Helpman et al.，2008）[142]，但传统引力模型无法有效识别新双边市场贸易联系。为此，本书进一步采用二值选择 Logit 模型进行了回归估计，具体的模型设定如下：

$$T_{ijt} = \alpha_1 ipr_{it} + \alpha_2 ipr_{jt} + \beta_x Control_{ijt} \qquad (4-3)$$

其中，$T_{ijt} = \begin{cases} 1 & if\ ex_{ijt} > 0 \\ 0 & if\ ex_{ijt} = 0 \end{cases}$，$T_{ijt}$ 为虚拟变量，若 $i$ 国与 $j$ 国间贸易值大于零，则 $T_{ijt} = 1$，若贸易值等于 0，则 $T_{ijt} = 0$。由于存在国家间个体和时间不变的稳定双边贸易关系，此时加入多重固定效应会造成数据的严重缺失。Katz（2001）[147] 对此提出，在截面较大的面板数据中，加入虚拟变量的固定效应容易导致结果偏误。因此，本书选用混合 Logit 回归的方式进行检验。

### （二）主要变量测度和说明

**1. 因变量（$trade_{ijt}$）**

本书中的植物类农产品贸易总量指标，采用了 CEPII-BACI 数据库中 HS 六分位的植物类农产品贸易数据（1995~2017）。考虑到农业知识产权保护与植物类农产品的关系更为密切，本书数据涵盖了从《商品名称及编码协调制度》（HS6）筛选出的 6-14、17-22、24 等章节，囊括了所有的植物类农产品范畴，具体的产品分类标准参见附录 2。

**2. 控制变量（$Control_{ijt}$）**

本书参考了 Campi 和 Duenas（2016）[8] 的模型构建方案，选取了与贸易相关的控制变量，具体如下：

$$Control_{ijt} = \{ lnpgdp_{it},\ lnpgdp_{jt},\ lnpop_{it},\ lnpop_{jt},\ lnland_{it},\ lnland_{jt},\ open_{it}, \\ open_{jt},\ lnxr_{it},\ lnxr_{jt},\ trips_{it},\ trips_{jt},\ lndist_{ij} + contig_{ij} + comlang_{ij} + \\ colony_{ij} + comcol_{ij} \} \tag{4-4}$$

其中，$pgdp_{it}$ 和 $pgdp_{jt}$ 分别为出口方与进口方的人均国内生产总值，与贸易有直接关系，控制贸易双方经济波动的影响；$pop_{it}$ 和 $pop_{jt}$ 为贸易双方人口数量，控制贸易双方市场规模变化的影响；$land_{it}$ 和 $land_{jt}$ 为贸易双方农业用地规模，因农产品贸易供需条件与资源禀赋的关系密切，本书以此控制地区农业发展禀赋对农产品贸易的影响；$open_{it}$ 和 $open_{jt}$ 为贸易双方的对外开放水平，本书选用贸易开放度作为衡量指标，控制国际贸易合作的开放程度；$xr_{it}$ 和 $xr_{jt}$ 为贸易双方的汇率波动水平，本书采用美元作为中介进行衡量，控制价格波动以及经济不稳定因素的影响；$trips_{it}$ 和 $trips_{jt}$ 为贸易双方是否签署 TRIPs 协定，由于不同国家履行 TRIPs 协定的时间不同，本书旨在检验各国加入 TRIPs 的贸易影响效应；$dist_{ij}$ 为贸易双方相对地理距离；$\{contig_{ij}, conlang_{ij}, colony_{ij}, comcol_{ij}\}$ 为虚拟变量，分别表示两国是否相邻、是否有共同的官方语言、是否存在殖民关系、是否存在共同的殖民者。

3. 其余指标的数据来源与统计性描述

植物类农产品双边贸易数据来源于 CEPII – BACI 数据库（https：//www.cepii.fr/）。控制变量中，人均 GDP 数据来源于世界银行数据库（https：//data.worldbank.org/）；贸易开放度、人口数、汇率波动水平数据来源于佩恩世界表（PWT 9.0）；农业用地规模数据来源于联合国粮食及农业组织数据库（https：//faostat.fao.org/）；签署 TRIPs 协定数据来源于 WIPO（https：//www.wipo.int）；地理距离、是否相邻、是否有共同的官方语言、是否存在殖民关系、是否存在共同的殖民者数据来自 CEPII（https：//www.cepii.fr/）。本书中所有变量的描述性统计具体如表 4-1 所示。

**表 4-1 变量统计性描述**

| 变量名称 | 定义 | 平均值 | 标准差 | 最小值 | 最大值 |
| --- | --- | --- | --- | --- | --- |
| lntrade | 农产品贸易额对数值 | 7.580 | 3.088 | 0.000 | 16.931 |
| ipr | 农业知识产权保护强度 | 2.511 | 1.411 | 0.000 | 4.660 |
| lnpgdp | 人均 GDP 对数值 | 9.438 | 1.067 | 5.940 | 11.571 |
| lnpop | 总人口数对数值 | 2.533 | 1.723 | −2.664 | 7.251 |
| lnland | 农业耕地面积对数值 | 8.694 | 2.387 | −0.416 | 13.178 |
| open | 对外贸易开放度 | 0.621 | 0.505 | 0.009 | 6.020 |
| lnxr | 相对美元的汇率波动 | 2.317 | 2.772 | −7.040 | 10.411 |
| trips | 是否签署 TRIPs 协定（虚拟变量） | 0.811 | 0.391 | 0.000 | 1.000 |
| lndist | 两国之间距离对数值 | 8.558 | 0.958 | 1.900 | 9.894 |
| contig | 两国是否相邻（虚拟变量） | 0.029 | 0.168 | 0.000 | 1.000 |
| comlang | 两国是否有共同的官方语言（虚拟变量） | 0.087 | 0.282 | 0.000 | 1.000 |
| colony | 两国是否存在殖民关系（虚拟变量） | 0.018 | 0.132 | 0.000 | 1.000 |
| comcol | 两国是否存在共同的殖民者（虚拟变量） | 0.052 | 0.222 | 0.000 | 1.000 |

# 四、实证检验与分析

## （一）基准回归检验

本书对全样本数据分别进行了 OLS、PPML 和 Logit 回归检验，具体结果如表 4-2 所示。在模型（1）~模型（5）中，本书利用当期农业知识产权保护强度指标进行了多维度固定效应回归估计。其中，在模型（1）和模型（3）中，本书并未采用"出口国—进口国"交互固定效应，可以保留可观测的国家间基本贸易壁垒特征信息。根据表 4-2 中的回归结果可看出，$ipr_{it}$ 的系数大多均显著为正，而 $ipr_{jt}$ 则一致显著为负值。可见，出口方加强农业知识产权保护更有利于激励植物育种创新，进而有效培育了植物类农产品贸易比较优势，促进了出口贸易总量增长。该结论验证了命题 1 中农业知识产权保护的育种创新激励作用大于创新伤害的观点，表明了一国加强农业知识产权保护的重要性。进口方加强农业知识产权保护则显著抑制了植物类农产品进口贸易总量增长，这表明加强知识产权保护带来的市场势力效应占据主导地位，其会通过加强跨国贸易企业的市场垄断势力和排他性而降低进口贸易流量。在 Logit 混合回归检验中，$ipr_{it}$ 和 $ipr_{jt}$ 的系数均显著为正，表明贸易双方知识产权保护有助于建立植物类农产品的新双边市场贸易联系，尤其是进口方知识产权保护的积极影响更大。

为验证农业知识产权保护对植物类农产品贸易的跨期影响特征并排除潜在因果关系的内生性困扰，本书在模型（6）~模型（8）中将贸易双方知识产权保护的滞后变量 $ipr_{i,t-1}$ 和 $ipr_{j,t-1}$ 带入模型进行了稳健性检验。由表 4-2 中的估计结果可看出，在 OLS、PPML 和 Logit 回归中，$ipr_{i,t-1}$ 和 $ipr_{j,t-1}$ 的系数显著性和方向均与上述基准回归结果保持一致，这表明上述回归结论具有稳健性，同时也验证了贸易双方知识产权保护对植物类农产品贸易存在跨期性影响特征。控制变量组中，各变量系数值和显著性均保持较好的一致性，本书对此不过多赘述。值得注意的是，贸易双方 TRIPs 协定的系数在 OLS、PPML 和 Logit 回归中均显著为正，表明各国遵循 TRIPs 协定有利于植物类农产品新市场贸易联系和贸易总量增长。

表 4-2　基准回归检验结果

| | (1) | (2) | (3) | (4) | (5) | (6) | (7) | (8) |
|---|---|---|---|---|---|---|---|---|
| | 基准回归 | | 辅助回归 | | 贸易联系 | 内生性检验 | | |
| | OLS | OLS | PPML | PPML | Logit | OLS | PPML | Logit |
| $ipr_{it}$ | 0.0256 *** (3.42) | 0.0245 *** (4.81) | −0.0002 (−0.01) | 0.0183 *** (3.21) | 0.0432 *** (9.45) | | | |
| $ipr_{jt}$ | −0.0336 *** (−4.58) | −0.0245 *** (−4.93) | −0.0258 * (−1.76) | −0.0304 *** (−5.46) | 0.1673 *** (36.25) | | | |
| $ipr_{i,t-1}$ | | | | | | 0.0319 *** (6.31) | 0.0229 *** (4.04) | 0.0451 *** (9.68) |
| $ipr_{j,t-1}$ | | | | | | −0.0233 *** (−4.70) | −0.0225 *** (−4.16) | 0.1616 *** (34.30) |
| $lnpgdp_{it}$ | 0.6839 *** (19.59) | 0.8459 *** (35.38) | 0.3756 *** (4.75) | 0.4552 *** (14.91) | 0.5149 *** (75.45) | 0.8283 *** (33.54) | 0.4516 *** (14.28) | 0.5087 *** (72.32) |
| $lnpgdp_{jt}$ | 0.7694 *** (22.45) | 0.9156 *** (38.97) | 1.2892 *** (12.04) | 1.3169 *** (33.79) | 0.6409 *** (91.40) | 0.9504 *** (39.01) | 1.3409 *** (34.52) | 0.6351 *** (87.77) |
| $lnpop_{i,t}$ | 0.0873 (1.44) | 0.2511 *** (5.99) | −0.0660 (−0.45) | −0.1438 * (−1.71) | 0.6912 *** (112.72) | 0.2178 *** (5.01) | −0.1530 * (−1.72) | 0.6965 *** (110.30) |
| $lnpop_{jt}$ | 0.9830 *** (16.72) | 1.2304 *** (30.45) | 1.6276 *** (16.23) | 1.6558 *** (34.15) | 0.3757 *** (66.52) | 1.2559 *** (29.95) | 1.6570 *** (33.71) | 0.3795 *** (65.33) |
| $lnland_{it}$ | −0.0142 (−1.18) | −0.0261 *** (−3.23) | 0.0018 (0.15) | −0.0001 (−0.02) | 0.0247 *** (5.41) | −0.0288 *** (−3.31) | −0.0004 (−0.11) | 0.0261 *** (5.56) |
| $lnland_{jt}$ | 0.0221 * (1.75) | 0.0234 *** (2.76) | −0.0197 * (−1.81) | −0.0190 *** (−5.20) | 0.0260 *** (5.70) | 0.0171 * (1.88) | −0.0207 *** (−5.38) | 0.0260 *** (5.54) |
| $open_{it}$ | 0.4787 *** (17.32) | 0.4751 *** (25.33) | 0.2671 *** (4.90) | 0.3216 *** (13.14) | 0.6055 *** (31.43) | 0.5345 *** (25.73) | 0.3270 *** (12.52) | 0.6278 *** (31.53) |
| $open_{jt}$ | 0.2024 *** (7.35) | 0.1689 *** (9.03) | 0.3101 *** (7.25) | 0.3240 *** (17.68) | 0.3985 *** (21.76) | 0.1726 *** (8.43) | 0.3243 *** (15.66) | 0.4222 *** (21.99) |
| $lnxr_{it}$ | −0.0007 (−0.05) | 0.0163 * (1.79) | 0.0893 *** (2.91) | 0.0560 *** (3.88) | −0.0402 *** (−17.74) | 0.0177 * (1.75) | 0.0353 ** (2.25) | −0.0386 *** (−16.47) |

续表

| | (1) | (2) | (3) | (4) | (5) | (6) | (7) | (8) |
|---|---|---|---|---|---|---|---|---|
| | 基准回归 | | 辅助回归 | | 贸易联系 | 内生性检验 | | |
| | OLS | OLS | PPML | PPML | Logit | OLS | PPML | Logit |
| $lnxr_{jt}$ | -0.1003 *** (-8.08) | -0.1145 *** (-13.50) | -0.1089 *** (-3.87) | -0.1233 *** (-8.59) | -0.0826 *** (-36.62) | -0.1348 *** (-14.23) | -0.1417 *** (-8.77) | -0.0825 *** (-35.44) |
| $trips_{it}$ | 0.2928 *** (10.64) | 0.2573 *** (13.72) | 0.1948 *** (2.92) | 0.2020 *** (6.42) | 1.1953 *** (79.40) | 0.2936 *** (14.82) | 0.2002 *** (6.01) | 1.2134 *** (77.78) |
| $trips_{jt}$ | 0.1027 *** (4.02) | 0.1195 *** (6.87) | 0.0660 (1.62) | 0.0712 *** (3.05) | 0.0837 *** (5.52) | 0.1084 *** (5.92) | 0.0807 *** (3.45) | 0.0678 *** (4.32) |
| $lndist_{ij}$ | -1.3447 *** (-189.61) | | -0.4422 *** (-33.71) | | -0.3581 *** (-49.35) | | | -0.3562 *** (-47.93) |
| $contig_{ij}$ | 0.6321 *** (24.15) | | 1.2167 *** (31.99) | | 1.2834 *** (21.42) | | | 1.3368 *** (21.24) |
| $comlang_{ij}$ | 0.4437 *** (24.92) | | 0.2553 *** (8.75) | | 0.9977 *** (40.35) | | | 0.9947 *** (39.10) |
| $colony_{ij}$ | 1.2631 *** (41.51) | | 0.3084 *** (10.58) | | 1.9324 *** (15.12) | | | 2.2902 *** (14.77) |
| $comcol_{ij}$ | 1.4602 *** (61.32) | | 0.9721 *** (19.87) | | 0.4686 *** (18.17) | | | 0.4759 *** (17.99) |
| $\_cons$ | 1.3264 ** (2.18) | -13.8896 *** (-33.48) | -7.4975 *** (-4.81) | -11.0319 *** (-19.03) | -11.6789 *** (-98.29) | -14.0035 *** (-32.63) | -11.1915 *** (-19.05) | -11.6299 *** (-94.84) |
| $Year-FE$ | YES | YES | YES | YES | | YES | YES | |
| $Export-FE$ | YES | YES | YES | YES | | YES | YES | |
| $Import-FE$ | YES | YES | YES | YES | | YES | YES | |
| $Ex*Im-FE$ | | YES | | YES | | YES | YES | |
| 拟合优度 | 0.6865 | 0.8672 | | | | 0.8704 | | |
| $P$ 值 | 0.0000 | 0.0000 | 0.0000 | 0.0000 | 0.0000 | 0.0000 | 0.0000 | 0.0000 |

注：\*\*\*、\*\* 和 \* 分别表示 1%、5% 和 10% 的显著性水平。

## （二）贸易边际检验

知识产权保护与植物类农产品贸易关系的不确定性会反映在贸易边际增

长上，即"产品种类反应"（扩展边际）和"产品数量反应"（集约边际）(Ivus，2011)[32]。为验证贸易边际影响效果，本书对植物类农产品贸易总量指标进行了分解，具体公式为：$trade_{ijt} = extension_{ijt} \times intensive_{ijt}$。其中，$extension_{ijt}$ 为扩展边际，本书采用 HS 六位编码下的植物类农产品出口种类数进行衡量，$intensive_{ijt}$ 为集约边际，本书采用每种植物类农产品的平均出口数量进行衡量，将二者带入模型进行了实证检验，回归结果如表 4-3 所示。在模型（9）和模型（10）中，$ipr_{it}$ 和 $ipr_{jt}$ 的系数均显著为正；在模型（11）和模型（12）中，$ipr_{it}$ 的系数在 OLS 回归中显著为正，而 $ipr_{jt}$ 的系数则一致显著为负；在模型（13）～模型（16）的稳健性检验中，滞后项 $ipr_{it-1}$ 和 $ipr_{jt-1}$ 的系数和显著性与上述回归结果保持一致。由表 4-3 中的回归检验结果可知：出口方知识产权保护更有利于激励创新而培育植物类农产品贸易比较优势，会同时正向作用于出口贸易扩展边际和集约边际，促进出口贸易深度流量和产品种类增长，尤其对扩展边际的积极影响更为显著；进口方加强知识产权保护会受到多重贸易影响效应的影响，会同时产生市场扩张和市场势力效应，进而对进口贸易扩展边际和集约边际产生差异性影响（这验证了命题 2 的观点）。一方面，产权利益保护和贸易条件改善会产生市场扩张效应，显著正向作用于贸易扩展边际，促使更多跨国企业、产品类型进入贸易市场；另一方面，加强知识产权保护也会提高贸易产品的产权垄断势力和市场排他性，这会显著负向作用于集约边际，进而抑制现存出口方跨国贸易企业、产品的深度流量增长，该结论与余长林（2015）[45]、马凌远（2015）[46]对制造业贸易边际的研究结果类似。

表 4-3　贸易边际检验结果

| | (9) | (10) | (11) | (12) | (13) | (14) | (15) | (16) |
|---|---|---|---|---|---|---|---|---|
| | 扩展边际 | | 集约边际 | | 扩展边际 | | 集约边际 | |
| | OLS | PPML | OLS | PPML | OLS | PPML | OLS | PPML |
| $ipr_{it}$ | 0.0046 ** | 0.0215 *** | 0.0199 *** | 0.0068 | | | | |
| | (2.14) | (11.82) | (4.43) | (0.64) | | | | |

续表

| | (9) | (10) | (11) | (12) | (13) | (14) | (15) | (16) |
|---|---|---|---|---|---|---|---|---|
| | 扩展边际 | | 集约边际 | | 扩展边际 | | 集约边际 | |
| | OLS | PPML | OLS | PPML | OLS | PPML | OLS | PPML |
| $ipr_{jt}$ | 0.0172 *** | 0.0214 *** | −0.0417 *** | −0.0456 *** | | | | |
| | (8.16) | (12.29) | (−9.51) | (−3.49) | | | | |
| $ipr_{i,t-1}$ | | | | | 0.0062 *** | 0.0227 *** | 0.0258 *** | 0.0204 * |
| | | | | | (2.90) | (13.15) | (5.76) | (1.90) |
| $ipr_{j,t-1}$ | | | | | 0.0134 *** | 0.0181 *** | −0.0368 *** | −0.0366 *** |
| | | | | | (6.42) | (10.95) | (−8.40) | (−2.75) |
| $\_cons$ | −8.3556 *** | −4.8286 *** | −5.5340 *** | −5.9743 *** | −8.1727 *** | −4.3132 *** | −5.8308 *** | −5.7424 *** |
| | (−47.63) | (−28.81) | (−15.14) | (−6.86) | (−45.15) | (−25.42) | (−15.39) | (−6.32) |
| 控制变量 | YES | YES | YES | YES | YES | YES | YES | YES |
| Year-FE | YES | YES | YES | YES | YES | YES | YES | YES |
| Ex-FE | YES | YES | YES | YES | YES | YES | YES | YES |
| Im-FE | YES | YES | YES | YES | YES | YES | YES | YES |
| ExIm-FE | YES | YES | YES | YES | YES | YES | YES | YES |
| $R^2$ | 0.9144 | | 0.7341 | | 0.9169 | | 0.7399 | |
| P 值 | 0.0000 | 0.0000 | 0.0000 | 0.0000 | 0.0000 | 0.0000 | 0.0000 | 0.0000 |

注：***、** 和 * 分别表示 1%、5% 和 10% 的显著性水平。

## （三）子指标体系检验

为进一步检验农业知识产权保护的各项子指标对植物类农产品贸易的影响效果，本书将遵从 UPOV 法案、免除农民特权、免除育种者特权、扩大植物品种保护周期和专利保护范围五项指标带入模型进行了回归检验，结果如表 4-4 所示。

### 表4-4　农业知识产权保护子指标体系检验结果

| | （17） | （18） | （19） | （20） | （21） | （22） | （23） |
|---|---|---|---|---|---|---|---|
| | 贸易总量 | | 扩展边际 | | 集约边际 | | 贸易联系 |
| | OLS | PPML | OLS | PPML | OLS | PPML | Logit |
| $upov_{it}$ | 0.0354** | 0.0779*** | 0.0468*** | 0.0569*** | −0.0115 | 0.0048 | 0.4166*** |
| | （2.38） | （4.44） | （7.48） | （10.41） | （−0.88） | （0.14） | （23.93） |
| $farmers_{it}$ | 0.1747*** | 0.0895*** | 0.0326*** | 0.0708*** | 0.1422*** | 0.2884*** | −0.3813*** |
| | （6.82） | （−3.72） | （3.01） | （7.78） | （6.29） | （4.90） | （−16.98） |
| $breaders_{it}$ | −0.1406*** | −0.0143 | −0.1057*** | −0.0769*** | −0.0349** | −0.1215*** | −0.3400*** |
| | （−8.53） | （−0.96） | （−15.19） | （−13.95） | （−2.40） | （−3.58） | （−17.36） |
| $duration_{it}$ | 0.1221*** | 0.1175*** | 0.1033*** | 0.0979*** | 0.0188 | −0.0314 | 0.5103*** |
| | （5.16） | （3.45） | （10.35） | （9.56） | （0.90） | （−0.54） | （17.01） |
| $scope_{it}$ | 0.3495*** | 0.4297*** | 0.2101*** | 0.4215*** | 0.1394*** | 0.1355** | 0.4283*** |
| | （11.88） | （10.51） | （16.92） | （31.91） | （5.37） | （2.03） | （14.59） |
| $upov_{jt}$ | −0.0317** | −0.1012*** | 0.0014 | −0.0059 | −0.0331*** | −0.1000*** | 0.2901*** |
| | （−2.20） | （−5.06） | （0.22） | （−1.10） | （−2.61） | （−3.02） | （16.34） |
| $farmers_{jt}$ | 0.0607** | −0.0338 | 0.1546*** | 0.1422*** | −0.0939*** | −0.3208*** | −0.0023 |
| | （2.45） | （−1.12） | （14.81） | （14.68） | （−4.31） | （−5.09） | （−0.10） |
| $breaders_{jt}$ | −0.1250*** | 0.0063 | −0.0685*** | −0.0723*** | −0.0565*** | −0.1119*** | −0.1362*** |
| | （−7.56） | （0.34） | （−9.81） | （−13.09） | （−3.88） | （3.58） | （−7.14） |
| $duration_{jt}$ | 0.1000*** | 0.0959*** | 0.0572*** | 0.0858*** | 0.0429** | −0.0597 | 0.4661*** |
| | （4.35） | （−2.67） | （5.90） | （10.22） | （2.12） | （−1.06） | （15.59） |
| $scope_{jt}$ | −0.0756*** | 0.0499 | 0.0538*** | 0.1806*** | −0.1294*** | 0.0782 | 0.6942*** |
| | （−2.65） | （1.11） | （4.47） | （14.72） | （−5.14） | （1.01） | （23.88） |
| $\_cons$ | −13.8446*** | −9.9687*** | −8.2898*** | −4.1124*** | −5.5548*** | −6.0558*** | −10.4643*** |
| | （−32.91） | （−16.42） | （−46.68） | （−24.46） | （−14.98） | （−6.50） | （−84.54） |
| 控制变量 | YES | YES | YES | YES | YES | YES | YES |
| $Year-FE$ | YES | YES | YES | YES | YES | YES | |
| $Export-FE$ | YES | YES | YES | YES | YES | YES | |
| $Import-FE$ | YES | YES | YES | YES | YES | YES | |
| $Ex*Im-FE$ | YES | YES | YES | YES | YES | YES | |
| 拟合优度 | 0.8675 | | 0.9149 | | 0.7343 | | |
| P 值 | 0.0000 | 0.0000 | 0.0000 | 0.0000 | 0.0000 | 0.0000 | 0.0000 |

注：***、**和*分别表示1%、5%和10%的显著性水平。

就出口方而言，$upov_{it}$、$farmers_{it}$、$duration_{it}$、$scope_{it}$ 的系数值大多显著为正，而 $breaders_{it}$ 的系数值显著为负。该结果表明，出口方遵从 UPOV 法案、免除农民特权、扩大植物品种保护周期及专利保护范围会激励植物育种创新而有利于培育一国农产品出口贸易比较优势，其可以不同程度的积极作用于出口扩展边际、集约边际和新市场贸易联系，进而促进植物类农产品出口贸易总量增长。免除育种者特权则更易限制育种行业的均衡创新水平，其产权独占性保护会提高追随企业获取优质种质资源进行二次研发的分享成本，这会加深种业市场中少数领先企业的市场垄断势力，由此所造成的创新低效率会伤害一国贸易比较优势的培育，阻碍出口贸易边际增长和新市场贸易联系。因此，国家对于是否实行免除育种者特权政策仍需谨慎对待，这在一定程度上可以解释为何新西兰、中国、挪威和泰国等农业大国至今仍拒绝实行该政策（邓武红，2007）[96]。

就进口方而言，$upov_{jt}$、$breaders_{jt}$、$scope_{jt}$ 在贸易总量回归检验中显著为负，这意味着进口方遵从 UPOV 法案、免除育种者特权和扩大专利保护范围所产生的市场势力效应占主导地位，更易降低植物类农产品进口贸易总量。从贸易边际的影响效果来看，这三者通过改善贸易条件而促进了贸易扩展边际和新贸易联系，但同时也加强了跨国贸易企业的市场垄断势力和排他性，在更大程度上抑制了进口贸易集约边际。$farmers_{jt}$ 和 $duration_{jt}$ 在贸易总量回归检验中显著为正，这意味着进口方实行免除农民特权政策和扩大植物品种保护周期更有利于产生市场扩张效应而促进进口贸易总量增长，虽然也会存在因市场势力效应而抑制集约边际的情形，但二者对进口贸易产品种类数量的促进效应更大。

### （四）国家异质性检验

上述研究均为全样本国家的平均效应检验，而忽略了国家异质性影响特征。发达国家和发展中国家无论在知识产权保护制度建设水平方面，还是植物新品种权、种子专利数量和育种创新能力等方面都存在较大差距，这可能会导致知识产权保护的贸易效应存在国家异质性特征。本书进一步将贸易国家分为四组，分别为 DC-DC、LDC-LDC、DC-LDC 以及 LDC-DC。其中，DC 为发达国家，LDC 为发展中国家，每一组前者为出口方，后者为进口方，本书依然采用 OLS、PPML 和 Logit 模型进行了回归估计，模型估计结果如表4-5 所示。

表 4-5　国家异质性检验结果

| | 贸易总量 | | 扩展边际 | | 集约边际 | | 贸易联系 |
|---|---|---|---|---|---|---|---|
| | OLS | PPML | OLS | PPML | OLS | PPML | Logit |
| DC-DC | (24) | (25) | (26) | (27) | (28) | (29) | (30) |
| $ipr_{it}$ | 0.0571*** | 0.0280*** | 0.0078* | 0.0226*** | 0.0493*** | 0.0282*** | 0.1916*** |
| | (5.70) | (3.24) | (1.71) | (7.99) | (5.60) | (3.35) | (5.60) |
| $ipr_{jt}$ | −0.0274*** | −0.0135 | 0.0014 | 0.0057** | −0.0289*** | −0.0071 | 0.2323*** |
| | (−2.77) | (−1.58) | (0.30) | (2.08) | (−3.32) | (−0.83) | (6.96) |
| DC-LDC | (31) | (32) | (33) | (34) | (35) | (36) | (37) |
| $ipr_{it}$ | 0.0658*** | 0.0409*** | −0.0016 | 0.0320*** | 0.0673*** | 0.0282* | −0.1358*** |
| | (4.98) | (2.88) | (−0.28) | (7.88) | (5.70) | (1.96) | (−9.57) |
| $ipr_{jt}$ | −0.0475*** | −0.0721*** | 0.0309*** | 0.0277*** | −0.0783*** | −0.0855*** | 0.1862*** |
| | (−5.09) | (−5.40) | (7.78) | (9.34) | (−9.38) | (−3.20) | (16.09) |
| LDC-DC | (38) | (39) | (40) | (41) | (42) | (43) | (44) |
| $ipr_{it}$ | 0.0292*** | −0.0044 | 0.0155*** | 0.0130*** | 0.0137 | 0.0229** | 0.1819*** |
| | (3.42) | (−0.54) | (4.20) | (5.10) | (1.51) | (2.29) | (16.63) |
| $ipr_{jt}$ | −0.0140 | −0.0419*** | −0.0003 | 0.0201*** | −0.0137 | −0.0263 | −0.0463*** |
| | (−1.25) | (−3.73) | (−0.06) | (5.95) | (−1.38) | (−1.47) | (−3.41) |
| LDC-LDC | (45) | (46) | (47) | (48) | (49) | (50) | (51) |
| $ipr_{it}$ | −0.0284*** | 0.0161 | −0.0212*** | −0.0067 | −0.0072 | −0.0383* | 0.0771*** |
| | (−3.03) | (0.99) | (−5.67) | (−1.49) | (−0.87) | (−1.65) | (12.95) |
| $ipr_{jt}$ | −0.0339*** | −0.0295** | 0.0137*** | 0.0275*** | −0.0477*** | −0.0450** | 0.1965*** |
| | (−3.68) | (−2.15) | (3.75) | (6.69) | (−5.88) | (−1.99) | (32.59) |
| Control | YES | YES | YES | YES | YES | YES | YES |
| Year-FE | YES | YES | YES | YES | YES | YES | |
| Export-FE | YES | YES | YES | YES | YES | YES | |
| Import-FE | YES | YES | YES | YES | YES | YES | |
| Ex*Im-FE | YES | YES | YES | YES | YES | YES | |

注：***、**和*分别表示1%、5%和10%的显著性水平。

首先，本书以出口方为视角展开分析。在 DC-DC、DC-LDC 组中（出口方为发达国家），$ipr_{it}$ 在各项回归结果中大多显著为正，这表明发达国家加强农业知识产权保护有利于其植物类农产品出口贸易总量增长，其贸易扩展边际和集约边际都表现出显著的正向影响，尤其对发展中国家出口贸易的促进作用更大；反观 LDC-DC、LDC-LDC 组（出口方为发展中国家），$ipr_{it}$ 在各项回归结果中的系数显著性相对较差（OLS 和 PPML 并未同时显著），这在一定程度上意味着发展中国家加强农业知识产权保护对其植物类农产品出口贸易的影响贡献相对较小。本书通过观察两组样本中回归系数和显著性发现，发展中国家农业知识产权保护更有利于其植物类农产品得到发达国家市场的认可，进而促进其向发达国家出口更多的农产品种类，但其对发展中国家的植物类农产品出口贸易却表现出一定的抑制性特征。综合上述结果可以看出，发达国家更易从加强农业知识产权保护中收益，更有利于促进其植物类农产品出口贸易。

其次，本书以进口方为视角展开分析。在 LDC-DC 和 DC-DC 组中（进口方为发达国家），$ipr_{jt}$ 在各项回归结果中的系数显著性相对较差，这意味着发达国家加强知识产权保护对植物类农产品进口贸易的影响贡献相对较小。本书通过观察两组样本中的回归系数和显著性看出，发达国家加强知识产权保护会抑制与发展中国家建立新贸易联系，这在一定程度上阻碍了发展中国家的出口贸易增长；在 DC-LDC 和 LDC-LDC 组中（进口方为发展中国家），$ipr_{jt}$ 在各项回归结果中均表现出一致的显著性，其在贸易总量、集约边际回归中均显著为负，而在扩展边际和贸易联系中均显著为正。由此可以看出，发展中国家加强知识产权保护会带来显著的多重贸易影响效应，它们通过改善贸易条件促进了进口扩展边际和新贸易联系增长，但同时带来的市场势力效应、挤出效应也会对进口贸易总量和集约边际产生抑制作用。

（五）行业异质性检验

受植物生物特性、农业技术应用以及国家间自然资源禀赋差异等条件的限制，不同行业类型农产品的需求弹性以及受到的模仿威胁存在差异，因而

$ipr_{it}$ 和 $ipr_{jt}$ 的贸易影响效应也可能会存在行业异质性特征（Awokuse and Yin，2010）[31]。对此，本书基于 HS 二位编码下 16 个行业子样本进行了分样本回归检验（产品编码见附录 1），为便于观察，本书将 OLS 回归中知识产权保护强度的系数绘制成了柱状图，具体如图 4-1 所示。图 4-1 中，子图 a、b、c 分别表示出口方（全样本、发达国家和发展中国家）知识产权保护对植物类农产品贸易的影响，而子图 d、e、f 则分别表示进口方（全样本、发达国家和发展中国家）知识产权保护的贸易影响效应。其中，柱状图的高低和方向分别表示影响系数的大小，深色区表示该行业类型影响系数表现显著，而浅色则表示并不显著。

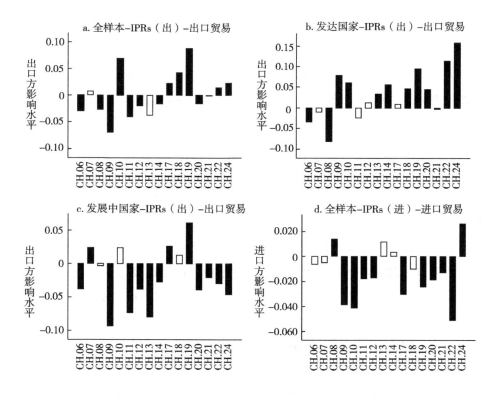

图 4-1　基于 HS 二位编码下（植物类）分国家、行业回归检验结果

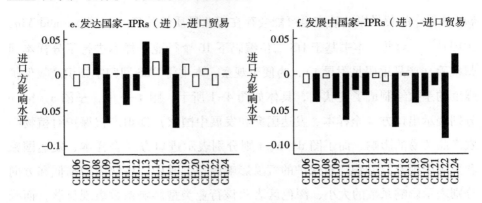

图 4-1　基于 HS 二位编码下（植物类）分国家、行业回归检验结果（续图）

　　根据图 4-1 中的结果可知，贸易双方知识产权保护对绝大多数植物类农产品行业贸易均表现出显著影响，且在南北国家间产生了较大的差异化影响。出口方知识产权保护 $ipr_{it}$ 促进了谷物类（CH. 10）、糖及糖食（CH. 17）、可可相关产品（CH. 18）、粮食产品（CH. 19）、农副产品（CH. 22）以及烟草类（CH. 24）行业的出口贸易总量增长，但同时也会对活树等植物类（CH. 06）、水果类（CH. 08）、饮品类（CH. 09）、粮食制品（CH. 11）、种子和药用植物（CH. 12）和植物提取物（CH. 13）等行业贸易产生抑制作用。其主要原因在于，部分农产品所受到的市场模仿、替代威胁通常较大，尤其是非杂交、自繁殖能力强的农产品类型，出口方加强知识产权保护有利于激励私营部门的育种创新而提高贸易比较优势，进而显著促进了出口贸易总量增长。但对于部分生物技术和品种培育技术应用广泛以及带有地域性特征的经济类农产品类型而言，其市场需求弹性以及所受到的模仿威胁相对较小，出口方加强知识产权保护更易加深其市场垄断势力，这会对农产品出口贸易总量产生抑制作用。从南北国家行业贸易影响差异可以看出，发达国家加强知识产权保护更有利于促进其更多植物类农产品行业的出口贸易增长，而发展中国家受制于农业资本、技术基础薄弱以及南北农业知识产权博弈中的劣势地位，其加强知识产权保护更易形成技术壁垒限制而伤害创新，这抑制了多个植物类农产品行业的贸易总量增长。

对于进口方知识产权保护 $ipr_{jt}$ 而言，除了有利于促进水果类（CH.08）和烟草类产品（CH.24）的贸易增长，对其余大部分行业类型的农产品贸易均会产生显著的负向作用，这表明进口方加强知识产权保护更易加强农产品贸易市场的垄断势力，所产生的市场势力效应会抑制农产品进口贸易流量增长。从南北国家行业贸易的影响差异可以看出，发展中国家加强知识产权保护所造成的市场势力效应普遍存在。其主要原因在于，现代生物技术的发展往往需要具备较高的知识储备和投资能力，这并不是大多数国家、跨国公司所具备的，因而农业领域的知识产权大多掌握在少数发达国家的跨国公司手中，因而导致世界农产品贸易的市场集中度较高。发展中国家加强知识产权保护会进一步加强跨国巨头的市场垄断势力，这些跨国巨头通过增强其定价能力、产权和资本优势等而更易产生市场势力效应，不仅如此，还会对其他发展中国家的出口贸易造成市场挤出。

### （六）进一步检验：贸易失衡

从上述国家和行业异质性检验结果可以发现，从出口方的角度来看，农业知识产权保护更有利于发达国家培育出口贸易比较优势；从进口方的角度来看，农业知识产权保护对发达国家和发展中国家的出口贸易总量均产生显著的抑制作用，这意味着市场势力效应占据主导地位，但无法有效判断进口方知识产权保护更有利于南方国家出口还是北方国家出口。鉴于此，为进一步探究命题3中市场挤入、挤出效应的存在性，即在南北国家农业知识产权布局差距悬殊的情况下，进口方加强农业知识产权保护是否更有利于发达国家的贸易市场挤入，而挤出发展中国家的贸易市场份额？本书将贸易总量指标替换为一国出口植物类农产品占进口国市场的同类产品的贸易市场份额，进而分国家、行业样本考察进口方农业知识产权保护对发达国家和发展中国家出口贸易的影响。为便于识别估计结果，本书依然采用柱状图的形式进行呈现，如图4-2所示。

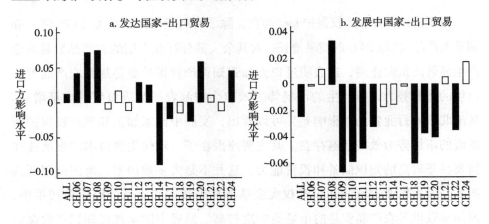

**图 4-2  进口方知识产权保护对出口方（发达国家和发展中国家）贸易份额的回归检验结果**

根据图 4-2 中的结果可知，总体而言，进口方加强农业知识产权保护更有利于发达国家的植物类农产品贸易市场份额的提高，而对发展中国家产生显著的市场挤出效应。从分行业回归结果来看，在 CH.06、CH.07、CH.08、CH.12、CH.13、CH.20、CH.24 行业中，包括果蔬类、植物提取物、种子和药用植物、烟草等多个产品类型，进口方加强知识产权保护更有利于提高发达国家出口贸易产品的比较优势而促进其贸易市场挤入，而在除水果外的绝大多数行业中，并不利于发展中国家的出口贸易份额增长，该结论验证了命题 3 中市场挤入、挤出效应显著存在。进口方农业知识产权保护在产生市场势力效应而降低贸易总量的同时，也因南北竞争的博弈地位不平等而挤出产权劣势的发展中国家的贸易市场份额，这可能会进一步巩固发达经济体的农产品贸易优势地位而加强其市场势力效应，进而会造成南北植物类农产品贸易失衡。

# 五、本章小结

本书将知识产权保护的贸易影响效应研究拓展到农业领域中，将贸易双方（出口方和进口方）农业知识产权保护纳入统一分析框架中，从理论研究和实证研究两个层面系统地厘清了农业知识产权保护对世界植物类农产品双边贸易的影响。本章的主要结论包括：

第一，在基准回归检验中，出口方加强农业知识产权保护对贸易边际和总量均产生显著的促进作用，而进口方农业知识产权保护会同时产生市场扩张和市场势力效应，前者正向作用于扩展边际，而后者负向作用于集约边际，整体而言，市场势力效应占据主导地位而抑制进口贸易总量增长。相同的是，贸易双方农业知识产权保护均有利于新双边贸易联系的建立。

第二，农业知识产权保护的各项子指标体系检验中，出口方遵从 UPOV 法案、免除农民特权、扩大植物品种保护周期以及专利保护范围更有利于保护创新而促进贸易边际增长和新贸易联系建立，而出口方实行免除育种者特权政策则会提高种质遗传资源的分享成本而伤害贸易比较优势。对于进口方而言，遵从 UPOV 法案、免除育种者特权政策和扩大专利保护范围更易抑制集约边际而降低进口贸易总量增长，而实行免除农民特权政策和扩大植物品种保护周期更有利于提高扩展边际而促进进口贸易总量增长。

第三，异质性检验中，发达国家从农业知识产权保护建设中受益更多，更有利于其植物类农产品出口贸易边际增长，并在大多植物类农产品行业贸易中表现出积极作用，而发展中国家加强农业知识产权保护的整体出口贸易促进效应并不明显，反而使其除水果类行业外的多数行业的出口贸易受到抑制，不仅如此，还更易产生市场势力效应而抑制多数行业的进口贸易增长。本书进一步检验发现，进口方农业知识产权保护对植物类农产品贸易的市场挤入和市场挤出效应显著存在，其更有利于发达国家的贸易市场挤入，而挤出发展中国家的贸易市场份额，这会造成南北国家间植物类农产品贸易失衡。

# 第五章　知识产权保护与植物类
# 农产品贸易规模变化：中国经验证据

## 一、引　言

农产品贸易源于消费者需求的多样性和各国农业资源禀赋的异质性分布。随着世界各国加强对生物遗传资源的重视和关注，植物品种优势也日益成为农产品贸易的重要驱动力。中国自1998年加入 UPOV 以来，虽然在植物品种权和农业技术方面取得了一些成就①，但受制于知识产权保护制度建设水平相对落后以及国际专利权转化率较低的现实，中国和其他发展中国家在南北贸易的知识产权博弈中常处于劣势。例如，2003年日本颁布了《种苗法修正案》，使中国涉农企业出口日本的贸易利润和技术转让都受到了冲击。近年来，中国对外贸易中关于知识产权的纠纷日趋增多。

对外贸易中的知识产权保护问题事实上成为制约中国由农产品贸易大国迈向贸易强国的实质性障碍。那么，进口国知识产权保护对中国植物类农产

---

① 截至目前，中国植物品种授权总数接近 1.2 万件，占 UPOV 成员国授权总数的近 7%，2017 年和 2018 年申请量分别为 3842 件和 4854 件，连续两年位于世界首位（此处资料来源于 UPOV 官方网站统计数据）。

品出口贸易的影响究竟如何？发达国家和发展中国家知识产权保护的贸易影响效应是否存在差异？知识产权保护对不同植物类别农产品贸易的影响是否具有异质性？为回答以上问题，本书研究了进口国知识产权保护制度扩张对中国植物类农产品出口贸易的影响，以期为中国建立植物类农产品贸易比较优势、增强中国在国际知识产权保护中的话语权提供理论和事实依据。本书在进口国知识产权保护对农产品贸易影响的理论分析基础上，利用 Heckman 两阶段、PPML 和 OLS 估计方法，实证检验了贸易伙伴知识产权保护对中国植物类农产品出口贸易的影响效应。

# 二、理论分析："跳板"抑或"屏障"？

Maskus 和 Penubarti（1995）[16] 的局部均衡模型开启了对知识产权保护的贸易效应研究，他们认为进口国知识产权保护会对贸易产生"市场扩张""市场势力"效应，但局部均衡模型下的理论探讨均以产权利益保护为前提，即知识产权保护是贸易发展的"跳板"。然而从全局的角度来看，尤其是在"南北均衡模型"中，国家间技术和产权优势极不均衡，使知识产权保护会阻碍南方国家的出口贸易发展（Helpman，1993；Shin et al.，2016）[75][59]，成为具有知识产权劣势的发展中国家的贸易"屏障"。基于此，本书结合植物类农产品贸易的特点，分别从"跳板""屏障"效应两个角度探讨了进口国知识产权保护对中国植物类农产品出口贸易的影响。

## （一）"跳板"效应

进口国知识产权保护对中国植物类农产品贸易的"跳板"作用主要体现在，其降低了贸易成本和出口不确定性（余长林，2015）[45]，保障了跨国贸易企业的所有权利益。这种"跳板"效应的具体作用机理如下：首先，知识产权保护对模仿和替代威胁进行了有效限制，降低了契约执行和市场监管成本。例如，UPOV 各法案提出的"免除农民特权"、"免除育种者特权"以及设定植物品种保护周期等，有效降低了农产品被二次繁殖、研发以及模仿替代并用于商业用途的可能性，进而为农产品贸易输出和稳定市场环境提供了制度保障。以蔬菜产品为例，中国已储存的蔬菜种子 30000 多份，生产中主要栽培品种达 1000 多种，进口国知识产权保护有助于加深中国蔬菜良种资源的市场排他性，自 2000 年以来，中国蔬菜出口产品种类增多且出口目标国呈现多元化趋势，保鲜或冷冻蔬菜、加工保藏蔬菜、干蔬菜在内的出口增长顺差也在持续扩大（赵海燕和何忠伟，2013）[148]。其次，进口国知识产权保护降低了中国"地理标识"等农产品的品牌声誉维护成本。TRIPs 协定后植物品种的专利保护范围扩大，并延伸至具备特定品种优势的遗传资源，如"地理标识"属性的农产品①，这有利于扩大贸易输出渠道和改善贸易条件。截至 2018 年，中国国家知识产权局数据显示，带有"地理标识"的农产品累计可达 2359 件，核准专用地理标志使用企业达 8000 余家。"地理标识"等区域公用品牌产品逐渐成为中国农产品出口创汇的主力，如"地理标识"的平谷大桃在 2004 年就占中国新鲜桃子出口的 40%②。最后，进口国知识产权保护降低了中国企业从事跨国种植、育种和技术许可等新型服务贸易的交易成本（Smith，2001）[25]。例如，中国在高产、抗病、耐受能力强的水稻和果蔬品种等方面具有一定优势，尽管目前投资和技术许可等贸易形式并不占主导地位，但随着国家间知识产权体系协作的不断增强，相关服务贸易的发展是需要关注的现实问题③。

　　总之，进口国知识产权保护扩张通过降低契约执行和市场监管成本、品牌声誉维护成本、技术合同交易成本，成为中国植物类农产品出口贸易的"跳板"，有利于产生"市场扩张"效应，不仅会扩大现存跨国贸易企业的贸

---

　　① TRIPs 协定第 27.3（b）条款提出要对"地理标识"产品进行保护，其与专利权、商标法同属于知识产权保护范畴。

　　② 资料来源于世界知识产权局网站。

　　③ 2003~2018 年末，中国有关的农业（农、林、牧、渔）对外直接投资存量从 3.32 亿美元上升到了 128.4 亿美元，增长了近 40 倍，占中国总 OFDI 存量的 0.6%。中国海外投资的项目集中于农产品加工生产、品种研发和贸易领域。

易流量，还会促使更多的跨国企业和农产品种类参与到国际贸易中（Melitz，2003）[149]。此外，这种"跳板"作用下的产权优势也可能会产生"市场势力"效应，不过由于植物类农产品大多为劳动和土地密集型产品，具有较高的替代弹性，因此，诱导贸易企业提高价格和减少销量的"市场势力"并不具有普遍性，但也可能会对少部分高附加值的农产品产生作用。

**（二）"屏障"效应**

尽管进口国知识产权保护会对中国植物类农产品出口贸易产生"跳板"作用，但就知识产权布局而言，中国等发展中国家与发达国家相比，仍存在较大的实力差距，这导致国际市场上发达国家农产品对发展中国家产生挤出效应，事实上成为中国植物类农产品出口贸易的"屏障"（Maskus and Yang，2013）[57]。这种"屏障"效应的作用机理主要来自两个方面：一方面，世界各国对知识产权保护越来越重视，行业内产权领先的发达国家或跨国企业的植物品种权和农业技术优势不断得到强化，进而对中国等产权劣势国形成了贸易"屏障"（Ivus，2010）[150]。发达国家知识产权保护制度建设起步早且发展水平高，农业领域的大多数知识产权仍控制在发达国家的少数跨国公司手中，这些公司依托其生物技术优势和规则利用优势，对世界农产品生产和贸易进行全方位渗透。受制于知识产权保护制度建设相对落后，中国在种业研发、植物品种权的国际转化以及农产品生产和贸易的产业组织形式等方面，与发达国家相比仍存在较大差距，往往无法有效发挥植物类农产品的出口比较优势。例如，1985~2017 年，美国、日本和欧盟占据了全球种业 42.8% 的专利申请，并且掌握着全球 64.7% 的 DNA 重组技术专利（任静等，2019）[116]。不仅如此，有效力的植物品种权也大多掌握在发达经济体手中，排名前四位的欧盟、美国、荷兰和日本占据了全球品种权申请总量的近50%，涉及大田作物、果蔬和花卉等多类植物品种，导致发达经济体在品种权领域内的竞争优势仍在不断扩大（Moser et al.，2015）[111]。相比之下，中国的种业专利申请和植物品种权所占的比例均不足 7%，其海外品种权转化率较低且品种单一，植物品种权中近 70% 为水稻、玉米等大宗农产品，以及极少部分的蔬菜和花卉①。另一方面，由于知识产权的劣势地位，中国农产品出口贸易还会受到发达国家或跨国公司的技术性贸易壁垒制约，使农产品出口贸易受到抑制。以种业发展为例，自 1995 年以来，知识产权保护扩张加剧了美国、欧盟和日本等少数跨国种业企业（杜邦先锋、孟山都、拜耳等）的并购趋势，这些巨头通过对农业技术和资源的重组集聚，利用专利制度降低技术溢出，巩固了包括大田作物、果蔬和花卉等多个植物类农产品种类的主导和垄断地位（Dutfield，2009）[90]。然而中国种业行业尚未形成具有国际影响力的种业集团，不仅国际贸易市场占有率较低（王磊等，2014）[151]，还需要遵从发达经济体更高的知识产权保护标准，尤其是中国从国外引进的播种种子，其生产和贸易出口需要支付高昂的专利费用，受到跨国种业巨头的种种技术性贸易壁垒限制。可见，知识产权保护已成为拥有产权优势和技术优势的跨国公司在国际农业市场中保持垄断地位的制度保障，其利用产业链一体化的纵向延伸，从育种、育苗和规模化种植等生产供应环节，到农产品加工和贸易等的整个供应链都拥有一定的垄断控制权，进而削弱了中国等发展中国家同类农产品的贸易竞争力（尹成杰，2010；杨静等，2017）[118][140]。此外，知识产权保护对中国植物类农产品出口贸易的"屏障"作用不仅体现为在"南北均衡"中发达国家在技术上整体优于发展中国家，还体现为在行业内具有产权和品种资源优势的发展中国家及其跨国企业会对中国植物类农产品出口贸易产生挤出效应，进而削弱中国在整个行业内的出口比较优势。

总之，进口国知识产权保护的扩张，会进一步强化北方国家植物品种权和农业技术优势。在产权优势不足以及技术贸易壁垒限制下，中国在国际农产品贸易市场竞争中常处于劣势地位，进而抑制了植物类农产品出口贸易边际增长。虽然模仿威胁可能会在一定程度上减弱北方国家的产权优势，但植物品种培育、育种以及转基因技术的运用，需要较高的知识储备和投资能力，并非所有跨国公司都具备。

---

① 资料来源于农业部植物新品种保护办公室"品种权申请汇总表"。

综上所述，受贸易"跳板""屏障"效应的综合影响，进口国知识产权保护扩张对中国植物类农产品出口贸易的影响方向并不确定。因此，该问题更适合于在实证研究中得到解决。对此，本书进一步建立实证模型和指标体系进行了经验研究。

# 三、计量模型构建与数据说明

## （一）模型设定

### 1. 贸易引力模型的应用及缺陷

引力模型作为研究双边贸易行为的经典模型，在农产品贸易领域得到了广泛的应用，但传统的引力模型在研究贸易行为时也存在自身的缺陷。首先，容易存在多边贸易阻力问题。贸易行为受贸易壁垒的影响较大，在双边贸易行为中还存在多边阻力因素（Anderson and Van Wincoop，2003）[152]，即两国之间的农产品贸易不仅受双边贸易壁垒的影响，还易受到其他国家贸易阻力的影响。其次，容易存在遗漏变量问题。如果存在不可观测的遗漏变量和异质性信息，由此带来的控制变量设定就会出现偏误，可能会造成异方差下的有偏估计。最后，容易存在内生性问题。Santos 和 Tenreyro（2006）[143] 指出，引力模型用于贸易行为可能并不准确，万有引力可以很小，但永远不会为零。然而农产品双边贸易关系中，由于各种贸易壁垒或者企业生产力等因素，不同类型农产品的贸易值会经常出现零值现象，此时取对数处理会造成信息缺失，进而会造成样本自选择效应带来的内生性问题（Helpman et al.，2008）[142]。

### 2. 基准计量模型构建

Anderson 和 Van Wincoop（2003）[152] 为解决多边贸易阻力问题，开发了新型贸易引力模型，方程表达式为：

$$X_{ij} = \frac{Y_i Y_j}{Y^w} \left( \frac{t_{ij}}{P_i P_j} \right)^{1-\sigma} \tag{5-1}$$

$$p_j^{1-\sigma} = \sum_i p_i^{\sigma-1} \theta_i t_{ij}^{1-\sigma} \ \forall j \tag{5-2}$$

式（5-1）和式（5-2）中，$i$、$j$ 和 $w$ 分别表示出口国、进口国和世界，$X_{ij}$ 为 $i$ 国与 $j$ 国间的双边贸易流量，$Y_i$、$Y_j$ 和 $Y^w$ 分别为 $i$ 国、$j$ 国和世界 $w$ 的国内生产总值，$t_{ij}$ 为双边贸易成本因素，$\sigma$ 为贸易产品替代弹性，$p_i$ 和 $p_j$ 分别为 $i$ 国与 $j$ 国的价格因素，$\theta_i$ 为生产总值份额，即 $\theta_i = \dfrac{Y_i}{Y^w}$。

在实证分析中，可以直接对式（5-1）进行非线性回归估计，也可以利用 Baier 和 Bergstrand（2009）[153] 的泰勒级数展开式的线性回归方法进行估计，而最为简单和有效的方案则是直接采用固定效应模型，其不仅包含了多边贸易阻力因素，还可通过引入国家、时间和行业固定效应，降低遗漏变量问题造成的估计偏误。在此基础上，为进一步解决贸易关系选择造成的内生性问题，本书参考 Helpman 等（2008）[142] 的建模方案，采用 Heckman 两阶段估计方法。Heckman 两阶段估计方法对传统贸易引力模型进行了扩展，将贸易广度和贸易深度同时纳入考虑范围。第一阶段回归为广度边际的贸易选择方程，即出口国综合考量进口国的制度和经济因素，选择是否向其出口农产品；而第二阶段回归为深度边际的贸易行为方程，即修正自选择效应后，考察农产品出口贸易的深度变化。在第一阶段和第二阶段回归中分别引入农业知识产权保护指标，可以有效判定进口国知识产权保护扩张对中国农产品出口贸易广度和深度的影响。

综上所述，本书建立的 Heckman 两阶段估计模型设定如下：

$$\text{Prob}(T_{sjt} = 1) = \Phi\big[\, \delta_1 ipr_{jt} + \delta_2 \ln pgdp_{jt} + \delta_3 \ln pop_{jt} + \delta_4 \ln land_{jt} + \delta_5 \ln xr_{jt} + \delta_6 open_{jt} +$$
$$\delta_7 TRIPs_{it} + \delta_8 RAT_{jt} + \delta_9 free_{jt} + \eta_j + \eta_t + \eta_s + \mu_{1sjt} \,\big] \tag{5-3}$$

$$\ln hsex_{sjt} = \gamma_0 + \gamma_1 ipr_{jt} + \gamma_2 \ln pgdp_{jt} + \gamma_3 \ln pop_{jt} + \gamma_4 \ln land_{jt} + \gamma_5 \ln xr_{jt} + \gamma_6 open_{jt} +$$
$$\gamma_7 TRIPs_{it} + \gamma_8 RAT_{jt} + \eta_j + \eta_t + \eta_s + \rho\sigma M_{sjt} + \mu_{2sjt} \tag{5-4}$$

式（5-3）和式（5-4）中，$s$、$j$ 和 $t$ 分别代表产品类别、进口国和年份；$T_{sjt}$ 为贸易决策变量，若 $t$ 年中国选择向 $j$ 国出口 $s$ 类农产品，则 $T_{sjt} = 1$，若贸易值为 0，则 $T_{sjt}=0$；$\Phi$ 为标准正态分布的累积密度函数；$\delta$ 和 $\gamma$ 为变量的系数；$\mu_{1sjt} \sim N(0, 1)$，$\mu_{2sjt} \sim N(0, \sigma)$，$corr(\mu_{1jt}, \mu_{2jt})=\rho$；$M_{sjt}$ 为逆米尔斯比率，是由贸易选择式（5-3）估计出的自选择效应的修正项；$\eta_j$、$\eta_t$ 和 $\eta_s$ 分别为国家、时间和行业固定效应；$\ln hsex_{sjt}$ 为中国向 $j$ 国出口 $s$ 类农产品的贸易流量对数；$ipr_{jt}$ 为 $j$ 国在 $t$ 年的农业知识产权保护强度；$\ln pgdp_{jt}$、$\ln pop_{jt}$、$\ln land_{jt}$、$\ln xr_{jt}$、$open_{jt}$、$TRIPs_{jt}$、$RAT_{jt}$ 均为控制变量。在 Heckman 两阶段估计中，贸易选择方程至少需要比贸易行为方程多一个排除变量（$free_{jt}$），进而控制贸易联系发生的可能性。在以往的文献研究中（Zhou et al.，2018）[127]，贸易进入门槛被认为是排除变量的首选。因此，本书选取了世界经济自由数据库中的自由贸易指数①（Gwartney et al，2016）[154]，它是涵盖关税、监管贸易壁垒、汇率变动以及资本和劳动力流动的综合性指标，该指数越高，表明出口到该国家的固定门槛相对越低。

3. 辅助计量模型构建

Heckman 模型虽然有效解决了传统引力模型的缺陷，但该方法对潜在的异方差问题非常敏感。因此，有必要对回归结果设定稳健性检验方案，Santos 和 Tenreyro（2006）[143] 提出，可使用泊松最大似然（PML）方法来估计引力方程。PML 估计对不同的异方差模式进行稳健性检验，也是一种将因变量的零观测值包含其中的回归方法。但在 Stata 中使用 Poisson 命令（PML 估计）可能会导致收敛性问题。因此，本书采用 PPML 的原理估计该模型，具体模型建立如下：

$$hxex_{sjt} = \exp\left[\beta_1 ipr_{jt} + \beta_2 pgdp_{it} + \beta_3 pop_{jt} + \beta_4 \ln land_{jt} + \beta_5 \ln xr_{jt} + \beta_6 \ln open_{ijt} + \beta_7 TRIPs_{it} + \beta_8 RAT_{jt} + \eta_j + \eta_t + \eta_s\right] + \varepsilon_{sjt} \tag{5-5}$$

式（5-5）中，$\varepsilon_{sjt}$ 为误差项，$\eta_j$、$\eta_t$ 和 $\eta_s$ 为国家、时间和行业固定效应。有学者指出，当样本中存在大量的零观测值时，可能会导致估计结果有偏（Martinez-Zarzoso，2013）[155]。Santos 和 Tenreyro（2011）[146] 随后通过采

---

① 自由贸易指数在 2000 年以前是每五年统计一次，且目前最新数据只更新到 2016 年。因此，本书利用线性回归拟合对 1996~1999 年以及 2017 年的空缺值进行了补缺。

用蒙特卡罗模拟表明，即使样本中有很大一部分零值，PPML 的估计结果也表现出稳健性。

在基准 Heckman 两阶段估计和 PPML 方法的基础上，本书进一步剔除了贸易零值，采用传统的最小二乘法（OLS）的多重固定效应进行了检验对比，以保证实证结论的稳健性。

### （二）指标测度与数据说明

#### 1. 贸易数据范围

本书选取了与中国农产品出口贸易关系密切的 100 个国家，包括 67 个发展中国家和 33 个发达国家，时间跨度为 1995~2017 年。在上述模型中，本书中的因变量为中国对某进口国植物类农产品出口贸易流量指标 $hsex_{sjt}$，本书采用 HS 四位产品编码下的出口贸易额进行衡量①。需要说明的是，本书选择植物类农产品作为研究对象，主要基于下面两个原因：一是考虑到现行的有关农业领域的知识产权保护内容与植物类农产品关系更为密切；二是植物类农产品是中国农业出口创汇的主力，其出口贸易流量占农产品出口总量的年均比例在 60% 左右。因此，选取植物类农产品作为样本展开研究具有很好的代表性。本书依据《商品名称及编码协调制度》（HS6）中的划分标准，筛选出了 CEPII-BACI 数据库中 6~14、17~22、24 章节的植物类农产品。不同类型植物产品对知识产权保护的敏感程度不同，会导致对贸易行为的影响存在差异（Awokuse and Yin，2010）[31]。为防止"加总谬论"的产生，并检验不同行业的植物产品受知识产权保护的影响效果，本书中行业层面的样本范围为基于 HS 四位编码下的 121 种植物类农产品。

---

① 农产品出口贸易数据来源于 CEPII-BACI 数据库。出口贸易规模包含出口贸易额（千美元）和贸易数量（吨），二者总的相关系数超过了 0.9，经验研究表明，无论采用贸易额还是贸易数量对经验研究的结果并无显著影响。由于贸易数量值（吨）存在部分数值小于 1，取对数后会出现小于 0 的情况，并不满足引力模型的建模基础（万有引力不会小于 0），因此，本书选用出口贸易额作为被解释变量更为准确。从贸易成本效益角度考虑，本书并未对贸易额原始数据进行平减处理，一方面，本书通过控制相对汇率波动（$\ln xr_{jt}$）有效排除了通货膨胀等价格因素的影响；另一方面，时间固定效应可以控制潜在的时间趋势项问题。因此，即便不进行平减，亦可以有效保证本书模型估计结果的稳健性。

2. 控制变量说明

本书在模型中选取了与经济波动和贸易偏好相关的控制变量，具体如下：$pgdp_{jt}$ 为进口国人均国内生产总值，用以控制进口国市场规模和经济波动变化的影响；$pop_{jt}$ 为进口国人口数量，用以控制进口国消费需求能力差异的影响；$land_{jt}$ 为进口国农业用地规模，用以控制地区农业发展禀赋对贸易比较优势差异的影响；$xr_{jt}$ 为进口国与中国的相对汇率波动水平，采用美元作为中介衡量标准进行换算，用以控制贸易成本和经济不稳定因素对贸易的影响；$open_{jt}$ 为进口国对外开放水平，选用贸易开放度衡量，用以控制中国与进口国贸易合作的难易程度；$TRIPs_{jt}$ 为是否签署 TRIPs 协定，旨在控制各国加入 TRIPs 的时间对贸易的影响效应；$RTA_{jt}$ 为进口国是否与中国签订自由贸易协定，用以控制双边协定对贸易选择偏好的影响；$free_{jt}$ 为自由国际贸易指数，用以控制贸易选择行为的固定门槛的影响。

3. 数据来源

本书采用的贸易数据来源于 CEPII-BACI 的全球贸易数据库（HS92 版本，1995～2017 年），涵盖了六位编码下的世界农产品双边贸易统计信息。控制变量中，人均国内生产总值数据来源于世界银行数据库（https：//data. worldbank. org/）；人口数、汇率和对外开放水平数据来源于佩恩世界表（https：//www. rug. nl/ggdc/productivity/pwt/）；农业用地规模数据来源于联合国粮食及农业组织数据库（https：//faostat. fao. org/）；国家签署 TRIPs 协定数据来源于知识产权法律和条约数据库（https：//www. wipo. int/wipolex/en/）；自由贸易协定数据来源于 WTO 网站（https：//www. wto. org/）；自由贸易指数来源于世界经济自由数据库（https：//www. fraserinstitute. org/）。本书中的变量统计性描述结果如表5-1所示。

表5-1　变量统计性描述结果

| 变量名称 | 定义 | 平均值 | 标准差 | 最小值 | 最大值 |
| --- | --- | --- | --- | --- | --- |
| $lnhsex_{sjt}$ | 植物类农产品出口贸易额对数 | 4. 8689 | 2. 6905 | 0. 0000 | 13. 7900 |
| $ipr_{jt}$ | 农业知识产权保护指标 | 2. 8465 | 1. 3008 | 0. 0000 | 4. 6600 |

| 变量名称 | 定义 | 平均值 | 标准差 | 最小值 | 最大值 |
|---|---|---|---|---|---|
| $upov_{jt}$ | UPOV 法案的遵守 | 0.5730 | 0.4302 | 0.0000 | 1.0000 |
| $farmer_{jt}$ | "免除农民特权" | 0.3078 | 0.3159 | 0.0000 | 1.0000 |
| $breader_{jt}$ | "免除育种者特权" | 0.6575 | 0.4746 | 0.0000 | 1.0000 |
| $duration_{jt}$ | 植物品种保护周期 | 0.6449 | 0.2662 | 0.0000 | 1.0000 |
| $scope_{jt}$ | 专利保护范围 | 0.6638 | 0.2196 | 0.0000 | 1.0000 |
| $lnpgdp_{jt}$ | 人均 GDP 对数 | 9.7869 | 0.9591 | 5.9404 | 11.5708 |
| $lnpop_{jt}$ | 人口总数对数 | 2.9399 | 1.5802 | −2.6640 | 7.1998 |
| $lnland_{jt}$ | 农业用地面积对数 | 8.9153 | 2.4209 | −0.4155 | 13.0503 |
| $lnxr_{jt}$ | 进口国与中国的相对汇率波动 | −0.2044 | 2.7478 | −8.5003 | 9.1624 |
| $open_{jt}$ | 进出口总额占 GDP 比重 | 0.7170 | 0.5921 | 0.0322 | 6.0202 |
| $TRIPs_{jt}$ | 0~1，签署 TRIPs 协定 =1，否则为 0 | 0.8904 | 0.3124 | 0.0000 | 1.0000 |
| $RTA_{jt}$ | 0~1，与中国签订区域贸易协定 =1，否则为 0 | 0.1460 | 0.3531 | 0.0000 | 1.0000 |
| $free_{jt}$ | 自由国际贸易指数 | 7.4844 | 1.1862 | 0.0000 | 9.4900 |

# 四、实证检验与分析

## （一）基准回归检验

本书利用 Heckman 两阶段估计、PPML 以及 OLS 对全样本进行了回归估计，所得结果如表 5-2 所示。逆米尔斯比率 M 的系数在 1% 的统计水平上显著异于 0，表明中国植物类农产品出口贸易存在明显的贸易选择行为，验证了采用 Heckman 两阶段估计的合理性。在 Heckman 第一阶段的贸易选择方程中，排除变量 free 的系数显著为正，表明随着进口国自由贸易指数的提高，较低的固定门槛有利于中国植物类农产品出口的贸易市场选择（贸易广度），即增加了建立新贸易联系的可能性。其他控制变量，$\ln pgdp$、$\ln pop$、$\ln xr$、$open$、TRIPs 的系数均显著为正，表明进口国经济规模、消费水平、汇率波动、对外开放水平以及签定 TRIPs 协定对中国植物类农产品出口贸易广度产生了积极作用，而当进口国农业用地规模（$\ln land$）较大时，则降低了双边建立新贸易联系的可能性。在 Heckman 第二阶段、PPML 和 OLS 回归中，$\ln pgdp$、$\ln pop$、$open$、TRIPs、RTA 的系数均显著为正，表明进口国经济规模、消费水平、对外开放水平、签定 TRIPs 协定以及与中国建立自由贸易协定均对中国植物类农产品出口贸易流量增长（贸易深度）产生了积极影响。$\ln xr$的系数显著性较差，表明汇率波动与中国植物类农产品贸易深度变化具有弱相关性，其可能与 J 曲线效应、供需因素等条件有关。

表 5-2　全样本回归检验结果

| 变量 | （1）Heckman1 | （2）Heckman2 | （3）PPML | （4）OLS |
|---|---|---|---|---|
| $ipr$ | 0.0423 *** (7.84) | -0.0278 ** (-2.56) | -0.1578 *** (-6.12) | -0.0726 *** (-7.18) |
| $\ln pgdp$ | 0.6420 *** (23.33) | 1.4261 *** (25.00) | 1.3489 *** (8.03) | 0.6256 *** (11.88) |
| $\ln pop$ | 0.8942 *** (20.41) | 1.7742 *** (19.91) | 2.2725 *** (13.02) | 0.8591 *** (10.41) |
| $\ln land$ | -0.3108 *** (-6.92) | 0.1147 (1.33) | 0.9609 *** (4.12) | 0.2541 *** (3.19) |
| $\ln xr$ | 0.0287 *** (3.11) | -0.0376 * (-1.82) | 0.0653 (1.23) | 0.0296 (1.46) |
| $open$ | 0.2215 *** (10.03) | 0.5350 *** (14.76) | 0.4577 *** (6.27) | 0.2418 *** (7.62) |
| TRIPs | 0.0669 *** (3.46) | 0.2730 *** (6.79) | 0.2758 *** (3.84) | 0.1822 *** (4.79) |
| RTA | 0.0010 (0.06) | 0.0655 ** (2.24) | 0.0804 (1.45) | 0.2065 *** (7.83) |

续表

| 变量 | （1） Heckman1 | （2） Heckman2 | （3） PPML | （4） OLS |
|---|---|---|---|---|
| *free* | 0.0261***<br>(4.44) | | | |
| *M* | | 2.1063***<br>(67.98) | | |
| *cons* | −7.3590***<br>(−19.93) | −20.9847***<br>(−27.63) | −22.8386***<br>(−8.61) | −6.1950***<br>(−7.06) |
| 国家固定 | YES | YES | YES | YES |
| 时间固定 | YES | YES | YES | YES |
| 行业固定 | YES | YES | YES | YES |
| 样本数 | 276727 | 276727 | 277695 | 115622 |
| *P* 值 | 0.0000 | 0.0000 | 0.0000 | 0.0000 |

注：括号内数值为 $t$ 统计量；***、**和*分别表示在 1%、5%和 10%的水平上显著。

核心解释变量知识产权保护指标（*ipr*），在 Heckman 第一阶段贸易选择方程中，系数在 1%的统计水平上显著为正，表明进口国知识产权保护有利于中国植物类农产品出口贸易广度扩张。在 Heckman 第二阶段的贸易行为方程中，*ipr* 的系数在 5%的统计水平上显著为负，表明进口国知识产权保护并不利于中国植物类农产品出口贸易深度增长。这一结果表明，知识产权保护对中国植物类农产品出口贸易的"跳板""屏障"效应同时存在。"跳板"效应主要沿贸易广度展开，提高了建立新产品和新市场贸易联系的可能性，该结论与 Ivus（2010）[150]、余长林（2015）[45] 对制造业贸易边际的研究结果类似；而"屏障"效应主要作用于贸易深度，会对出口贸易流量增长产生一定的抑制作用。由此可以看出，进口国农业知识产权保护扩张，可有效保障中国植物类农产品出口品种优势和抵制潜在的模仿威胁，通过维护中国在进口国市场的贸易条件而降低贸易固定成本，促进更多的中国企业和产品与进口国建立新市场贸易联系。但进口国知识产权保护同样加深了发达国家跨国公司与中国企业在产品专利和技术竞争中的比较劣势，进而对中国植物类农产品出口贸易产生"屏障"作用，抑制了出口贸易深度的进一步增长。在本书中，*ipr* 的系数在 Heckman 第二阶段、PPML 和 OLS 方程中均统一显著为负，验证了 Heckman 两个阶段回归估计的稳健性。

**（二）稳健性检验**

为进一步验证知识产权保护"跳板""屏障"效应结果的有效性，本书进行了如下的稳健性检验：首先，本书将 *ipr* 替换为五个子指标：UPOV 法案的遵守（*upov*）、"免除农民特权"（*farmer*）、"免除育种者特权"（*breader*）、植物品种保护周期（*duration*）和专利保护范围（*scope*），并将其代入模型进行了 Heckman 回归估计，估计结果如表 5-3 中的模型（5）和模型（6）所示。在 Heckman 第一阶段回归中，*upov*、*farmer* 和 *scope* 的系数显著为正，在 Heckman 第二阶段回归中，*farmer* 和 *duration* 的系数显著为负，而 *scope* 的系数则显著为正。这表明：进口国遵守 UPOV 法案、实行"免除农民特权"、扩大专利保护范围，会有利于发挥知识产权保护的"跳板"效应，促进中国植物类农产品出口贸易市场扩张，且进口国专利保护范围的扩大还会促进贸易深度增长；而知识产权保护的"屏障"作用主要体现在"免除农民特权"和扩大植物品种保护周期方面，其对中国植物类农产品出口贸易深度增长会产生显著的抑制作用。

表 5-3　稳健性检验回归结果

| 变量 | （5）Heckman 1 | （6）Heckman2 | （7）Heckman2 | （8）Heckman2 | （9）Heckman2 | （10）Heckman2 |
|---|---|---|---|---|---|---|
| *ipr* | | | | -0.0050***<br>(-5.36) | | |
| *d-ipr* | | | -0.0623***<br>(-4.04) | | | -0.0065***<br>(-4.91) |
| *upov* | 0.0725***<br>(4.64) | -0.0038<br>(-0.12) | | | 0.0008<br>(0.28) | |
| *farmer* | 0.0975***<br>(3.58) | -0.1329**<br>(-2.39) | | | -0.0134***<br>(-2.79) | |

续表

| 变量 | (5) Heckman 1 | (6) Heckman2 | (7) Heckman2 | (8) Heckman2 | (9) Heckman2 | (10) Heckman2 |
|---|---|---|---|---|---|---|
| *breader* | -0.0017 (-0.09) | 0.0111 (0.31) | | | -0.0055* (-1.79) | |
| *duration* | -0.0155 (-0.61) | -0.1400*** (-2.69) | | | -0.0099** (-2.20) | |
| *scope* | 0.2965*** (9.83) | 0.5350*** (8.14) | | | 0.0379*** (6.58) | |
| *M* | | 2.1063*** (67.98) | 2.1093*** (68.05) | 0.1252*** (46.91) | 0.1308*** (47.60) | 0.1254*** (46.99) |
| *cons* | -7.3590*** (-19.93) | -20.9847*** (-27.63) | -21.0666*** (-27.73) | -0.4394*** (-6.87) | -0.3295*** (-4.98) | -0.4412*** (-6.89) |
| 控制变量 | 已控制 | 已控制 | 已控制 | 已控制 | 已控制 | 已控制 |
| 国家固定 | 已控制 | 已控制 | 已控制 | 已控制 | 已控制 | 已控制 |
| 时间固定 | 已控制 | 已控制 | 已控制 | 已控制 | 已控制 | 已控制 |
| 行业固定 | 已控制 | 已控制 | 已控制 | 已控制 | 已控制 | 已控制 |
| 样本数 | 276727 | 276727 | 276727 | 276727 | 276727 | 276727 |
| *P* 值 | 0.0000 | 0.0000 | 0.0000 | 0.0000 | 0.0000 | 0.0000 |

注：括号内数值为 $t$ 统计量；***、**和*分别表示在1%、5%和10%的水平上显著。

其次，考虑到农业知识产权保护制度建设水平差距是造成中国植物类农产品产权劣势的潜在前提，为验证制度建设水平差距造成的"屏障"效应，本书引入了中国与目标市场国家的知识产权保护制度距离指标（$d-ipr$），借鉴黄新飞等（2013）[156] 的方法进行了测度①，并将其带入模型进行了 Heckman 回归，估计结果如表5-3模型（7）所示。$d-ipr$ 的系数在1%的统计水

---

① 本书参考黄新飞等（2013）[156] 的测度方法，计算公式为：$d-ipr_{jt} = \frac{1}{n}\sum_{k=1}^{n}\left[\frac{(I_{jtk}-I_{itk})^2}{\nu_k}\right]$，其中，$d-ipr_{jt}$ 为 $t$ 时期中国与进口国 $j$ 间的知识产权保护制度距离，$k$ 指标分别为 UPOV 法案的遵守（$upov_{jt}$）、"免除农民特权"（$farmer_{jt}$）、"免除育种者特权"（$breader_{jt}$）、植物品种保护周期（$duration_{jt}$）、专利保护范围（$scope_{jt}$），$I_{jtk}$ 为 $t$ 时期 $j$ 国第 $k$ 项指标的指标值，$I_{itk}$ 为 $t$ 时期中国的第 $k$ 项的指标值，$\nu_k$ 为第 $k$ 项指标的方差，$n$ 为指标个数。

平上显著为负，这表明中国与进口国知识产权保护制度差异越大，其所产生的"屏障"效应越不利于中国植物类农产品出口贸易深度增长。受制于知识产权保护制度建设相对不足，中国农业领域的新品种研发、品种权转化和跨国企业组织形式等尚处于初步发展阶段，与发达国家和行业内领先者相比存在一定差距，因而较大的制度距离会削弱中国植物类农产品出口的比较优势，对中国植物类农产品出口贸易深度增长产生"屏障"效应。

最后，本书将被解释变量贸易流量对数（lnhsex）替换为贸易份额（s-hsex），即中国向 j 国出口植物类农产品 s 的贸易额占世界对 j 国出口植物类农产品 s 贸易总额的比值，其可有效反映进口国知识产权保护是否会削弱中国植物类农产品出口的比较优势。本书分别代入知识产权保护综合指标、五项子指标和制度距离进行了 Heckman 回归估计，估计结果如表 5-3 模型（8）~模型（10）所示，各项指标的显著性和方向与基准回归结果基本保持一致。ipr 和 d-ipr 的系数均显著为负，表明进口国知识产权保护以及制度距离的扩大会削弱中国植物类农产品出口的比较优势，进而降低贸易市场份额。本书在知识产权保护的各项子指标检验结果中发现，"免除农民特权"、"免除育种者特权"和扩大植物品种保护周期会降低中国植物类农产品出口的比较优势，而专利保护范围的扩大则有利于提高中国植物类农产品出口贸易市场份额。

### （三）异质性检验

上述是全样本数据的平均效应检验，但未考虑不同国家类型、不同时期以及知识产权保护力度强弱对中国植物类农产品出口贸易的影响。为进一步了解知识产权保护的异质性贸易影响效应，本书通过引入知识产权保护与虚拟变量的交互项进行了异质性检验，估计结果如表 5-4 所示。

表 5-4　异质性检验回归结果统计

| 变量 | （11） | （12） | （13） | （14） | （15） | （16） |
| --- | --- | --- | --- | --- | --- | --- |
| | Heckman1 | Heckman2 | Heckman1 | Heckman2 | Heckman1 | Heckman2 |
| $ipr_j$ | 0.0611*** | −0.0274** | 0.0411*** | −0.0197 | 0.0575*** | 0.0374** |
| | （10.30） | （−2.24） | （6.16） | （−1.47） | （6.93） | （2.16） |

续表

| 变量 | (11) Heckman1 | (12) Heckman2 | (13) Heckman1 | (14) Heckman2 | (15) Heckman1 | (16) Heckman2 |
|---|---|---|---|---|---|---|
| $ipr \times dc$ | -0.0712*** (-7.70) | -0.0061 (-0.32) | | | | |
| $ipr \times (t>2001)$ | | | 0.0021 (0.32) | -0.0131 (-1.02) | | |
| $ipr \times High$ | | | | | -0.0451** (-2.41) | -0.1811*** (-4.75) |
| $M$ | | 2.1021*** (67.90) | | 2.1082*** (67.95) | | 2.1120*** (68.09) |
| $cons$ | -6.8042*** (-18.07) | -20.8704*** (-26.97) | -7.3829*** (-19.61) | -20.8269*** (-26.86) | -7.3119*** (-19.77) | -20.9614*** (-27.59) |
| $Linear\ Combination$ | -0.0100 (-1.16) | -0.0335* (-1.94) | 0.0432*** (7.24) | -0.0328*** (-2.74) | 0.0124 (0.91) | -0.1437*** (-5.35) |
| 控制变量 | 已控制 | 已控制 | 已控制 | 已控制 | 已控制 | 已控制 |
| 国家固定 | 已控制 | 已控制 | 已控制 | 已控制 | 已控制 | 已控制 |
| 时间固定 | 已控制 | 已控制 | 已控制 | 已控制 | 已控制 | 已控制 |
| 行业固定 | 已控制 | 已控制 | 已控制 | 已控制 | 已控制 | 已控制 |
| 样本数 | - | 276727 | - | 276727 | - | 276727 |
| P 值 | 0.0000 | 0.0000 | 0.0000 | 0.0000 | 0.0000 | 0.0000 |

注：括号内数值为 $t$ 统计量；***、**和*分别表示在1%、5%和10%的水平上显著。

首先，本书进行了国家异质性检验。发达国家和发展中国家知识产权保护制度建设水平存在较大差异，不仅如此，双方在植物品种权、技术优势以及市场供需条件和规范化程度上均表现不同。有研究指出，国家类型差异会导致知识产权保护对农产品贸易的影响存在异质性特征（Campi and Marco, 2016）[8]。为此，本书在基准模型中引入农业知识产权保护 $ipr$ 与国家类型 $dc$（虚拟变量，1为发达国家，0为发展中国家）的交叉项 $ipr \times dc$ 进行了 Heckman 两阶段估计，结果如表 5-4 模型（11）和模型（12）所示。结果显示，在 Heckman 第一阶段回归中，$ipr$ 的系数在 1% 的水平上显著为正，表明发展中国家知识产权保护提高了建立新贸易联系的可能性，而发达国家知识产权保护的线性偏效应（$ipr+ipr\times dc$）为 -0.01，其计算后的 $t$ 检验值为 -1.16，表明发达国家知识产权保护并没有对中国植物类农产品贸易广度产生显著影响。在 Heckman 第二阶段回归中，发展中国家知识产权保护的影响系数值在 5% 的统计水平上为 -0.0274，而发达国家在 10% 的显著水平上为 -0.0335。可见，发达国家对中国植物类农产品出口贸易深度的负向影响高于发展中国家。综上所述，发展中国家知识产权保护对中国植物类农产品出口贸易的"跳板""屏障"效应同时存在，而发达国家知识产权保护对中国植物类农产品贸易广度的"跳板"效应并不显著，但其对贸易深度产生了更大的"屏障"效应。

其次，本书对中国加入 WTO 前后的时期异质性影响进行了检验。中国于 2001 年 12 月 11 日正式加入 WTO，遵循 TRIPs 协定，全面履行有关国际知识产权保护制度的规则，并且参与到国际知识产权竞争中来，同时也履行了 UPOV 中"1978 法案"的相关植物新品种保护章程。为检验中国加入 WTO 前后的时期异质性影响，本书引入了知识产权保护与时期虚拟变量的交互项 $ipr\times (t>2001)$，继续采用 Heckman 两阶段回归估计，结果如表 5-4 模型（13）和模型（14）所示。在贸易选择方程的回归结果中，中国入世前的知识产权保护的系数在 1% 的统计水平上显著为正，系数值为 0.0411，而入世后的知识产权保护的系数值在 1% 的显著水平上为 0.0432。可见，中国在入世后，进口国知识产权保护对中国植物类农产品贸易广度的影响效果增强。在 Heckman 第二阶段的贸易行为方程中，中国入世前的 $ipr$ 系数并不显著，而入世后的线性偏转系数在 1% 的水平上显著为负，表明中国入世后，进口国知识产权保护扩张对中国植物类农产品贸易深度增长产生了显著的负向冲击。其主要原因在于，中国签署 TRIPs 协定后，需要遵循贸易市场中更强的知识产权保护标准，虽然这在一定程度上提高了建立新贸易联系的可能性，但受制于产权优势不足和技术性贸易壁垒限制，更易产生显著的

"屏障"效应。

最后，本书进行了知识产权保护强弱的异质性检验。不同强度水平的知识产权保护对贸易的影响存在非线性门槛效应（Dosi et al.，2006）[64]，为检验进口国更强的知识产权保护对中国农产品出口贸易的影响，本书利用样本中知识产权保护指标强度的中位数 2.78 作为指示值，引入了虚拟变量 *High*（若 *ipr*>2.78 为 1，反之则为 0），构建了交互项 *ipr*×*High* 并带入 Heckman 模型中进行了检验，结果如表 5-4 模型（15）和模型（16）所示。在贸易选择方程回归结果中，进口国较弱的知识产权保护对中国植物类农产品贸易广度的影响系数在 1% 的统计水平上为 0.0575，而较强的知识产权保护的影响系数为 0.0124，其计算后的 *t* 检验值为 0.91，这表明更强的知识产权保护对贸易广度并无显著影响。在贸易行为方程中，较弱和较强的知识产权保护强度系数值均表现显著，但符号相反，分别为 0.0374 和-0.1437，表明知识产权保护对贸易影响的非线性门槛效应显著存在。如果进口国知识产权保护强度较弱，会通过改善贸易条件而产生"跳板"效应，有利于中国植物类农产品出口贸易广度和贸易深度增长，但进口国更强的知识产权保护所产生的"屏障"效应更为显著，会对贸易深度增长产生抑制作用。

### （四）分行业回归检验

受农业生态条件和自然资源禀赋差异的影响，部分农产品贸易行为与市场供需的关系更为密切，进而在生产条件门槛的限制下，这种基于绝对优势的供需条件会弱化知识产权保护的影响。此外，中国不同类别植物产品的出口比较优势也存在较大差异，导致其受知识产权保护的"跳板""屏障"效应存在异质性表现。基于此，为探究不同植物类别农产品的贸易行为受知识产权保护的影响水平，本书依据 Heckman 两阶段、PPML 以及 OLS 回归对 HS四位编码下的 121 类植物类农产品进行了分行业回归估计（采用国家和时间双向固定），筛选出了对知识产权保护的影响更为敏感的植物产品类型，并观察其影响效应。

本书在基于全样本、发达国家样本和发展中国家样本的分行业回归估计中，分别提取了 Heckman、PPML 和 OLS 中 $ipr$ 的回归系数，筛选标准如下：首先，根据 Heckman 第二阶段回归中 $ipr$ 至少在 10% 的统计水平上显著的植物产品类别；其次，为保障所筛选样本的稳健性，剔除了在 PPML 和 OLS 回归中均表现非显著的植物产品类别；最后，在全样本国家中筛选出了 51 类植物类农产品，在发达国家样本中筛选出了 36 类植物产品，在发展中国家筛选出了 50 类植物产品，所筛选行业的植物产品类别涵盖了多种植物产品[①]。本书中全样本和子样本筛选的大部分类别保持了一致性，但也存在因地区异质性和样本选择问题导致的类别变动[②]。本书依据 Heckman 第二阶段回归中 $ipr$ 系数的符号方向进行了分类统计制图，如图 5-1 和图 5-2 所示。

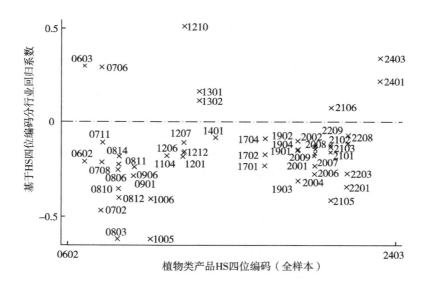

图 5-1　基于 HS 四位编码分行业回归系数统计图（全样本）

---

① 因篇幅所限，HS 四位编码对应的行业类别和影响效应详情此处未一一列出。

② 首先，存在部分产品在发达国家和发展中国家中表现出相斥的影响效应，进而导致在全样本中表现不显著的现象，分别为 HS 四位编码下的 0710、0813、0909、1108、1209、1404 行业；其次，存在多个行业的产品在子样本中表现敏感，而在全样本回归中显著性淡化的现象；最后，存在五个行业类型（HS 四位编码下的 0814、1005、1104、1901 和 2102），由于样本选择问题，导致在其全样本中表现为显著，而在子样本中表现均不显著。

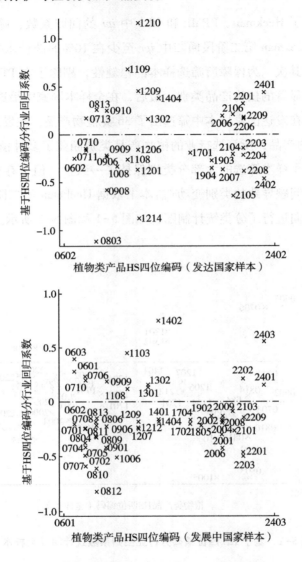

**图 5-2　基于 HS 四位编码分行业、样本回归系数统计图**

**（发达和发展中国家样本）**

在全样本国家中，知识产权保护对中国不同种类植物产品贸易的影响效应存在差异，表现为知识产权保护对切花、部分食用根茎类蔬菜、植物提取物和烟草等产品贸易的影响显著为正，而对其他大部分敏感植物产品贸易产生了显著的负向影响。不仅如此，发达国家和发展中国家样本中敏感植物产品种类和影响系数值不同，这表明不同种类植物产品贸易也会受到国家异质性的显著影响。发达国家对知识产权保护的影响敏感的植物产品种类数相对较少，在一定程度上可以解释上述国家异质性检验中，发达国家 Heckman 第一阶段线性偏效应的非显著性。可见，发达国家知识产权保护对中国植物类农产品出口贸易的市场准入相对严苛。

# 五、本章小结

本书以中国与 100 个国家的植物类农产品贸易作为样本，在测度进口国农业知识产权保护强度的基础上，采用 Heckman 两阶段估计、PPML 和 OLS 进行了回归估计，检验了进口国知识产权保护对中国植物类农产品出口贸易的现实影响，本章的主要结论如下：

第一，进口国知识产权保护扩张对中国植物类农产品出口贸易同时产生"跳板""屏障"效应，"跳板"效应主要作用于贸易广度，可以提高中国建立新贸易联系的可能性，而"屏障"效应则主要作用于贸易深度，能抑制中国植物类农产品出口贸易流量增长。

第二，进口国遵守 UPOV 法案、实行"免除农民特权"以及扩大专利保护范围，会有利于发挥知识产权保护的"跳板"作用，提高中国植物类农产品出口贸易广度，同时，扩大专利保护范围还有助于促进贸易深度增长，而"免除农民特权"和扩大植物品种保护周期会产生显著的"屏障"作用，对贸易深度增长产生抑制作用。本书在研究中还发现，中国与进口国知识产权保护制度差距越大，进口国知识产权保护更易产生显著的贸易"屏障"效应，会削弱中国植物类农产品的出口比较优势，进而降低其贸易市场份额。

第三，发展中国家知识产权保护产生的贸易"跳板""屏障"效应均显著存在，而发达国家中，知识产权保护对贸易深度的"屏障"作用更为显著且负向作用更大。中国加入 WTO 后，进口国知识产权保护扩张对贸易广度的促进作用增强，但同时也对贸易深度产生较大的抑制性影响。较弱的知识产权保护对中国植物类农产品出口贸易广度和深度均存在积极影响，但更强的知识产权保护则会产生显著的"屏障"作用。

第四，不同类别植物性农产品贸易对知识产权保护的敏感程度存在差异，发达国家和发展中国家知识产权保护均促进了中国部分蔬菜产品、植物提取物以及烟草类产品的贸易深度增长。在发达国家中，对知识产权保护的影响比较敏感的植物产品种类相对较少，而发展中国家知识产权保护在更多的植物产品种类中产生显著的"屏障"效应。

# 第六章 知识产权保护与植物类农产品出口质量

## 一、引言

知识产权是人类智力劳动成果的专有权利，是一个国家创新基础和竞争优势的来源，其不仅体现在工业制成品领域，在农业领域内同样不可偏废（毛世平等，2019）[157]。随着国际市场农产品准入的"质量门槛"不断提高，农产品出口比较优势已不单局限于资源禀赋、生产原料成本以及集约化生产，植物新品种多样化和农业技术革新逐渐成为主导世界农产品贸易格局的关键。因此，对于农产品出口国而言，如何保障农业知识产权保护对育种创新的激励作用，进而促进植物类农产品出口质量升级，这对于提高农产品国际竞争力十分关键（熊桉，2019）[158]。

在农业知识产权保护相关文献中，大多数研究关注知识产权保护对农业生产和贸易规模的影响，针对农产品出口质量影响的研究较少。UPOV 主张在农业部门内建立统一的知识产权保护制度，认为这样可以有效消除贸易壁垒，改善国家间农产品的生产和贸易，认为这也是实现技术转移和遗传资源保护的有效手段。对此，部分学者的经验研究证据表明，农业知识产权保护会有利于激励育种研发和创造新品种，从而促进农业生产率的提高（黄武和林祥明，2007；刘辉和许慧，2010；Payumo et al，2012；Spielman and Ma，2016）[101-104]。然而，受种业组织形式和市场准入门槛的影响，农业知识产权保护产生的垄断势力也令人担忧（Kloppenburg，2005；Dutfield，2009）[90-91]。农业育种研发是长期遗传资源累积和改良的结果，需要较高的知识储备和投资能力，这并不是大多数育种研发企业所具备的，因而农业领域内的绝大多数知识产权集中在美国和欧洲的少数几家跨国公司手中（杨静等，2017）[140]。部分学者通过经验研究指出，农业知识产权保护可能会通过提高遗传资源的分享成本而降低植物新品种多样性和农业技术溢出，所产生的垄断势力会对农业生产和贸易规模增长产生负面影响（孙炜琳和王瑞波，2008；Campi and Marco，2016）[110][8]。

综上所述，学术界关于知识产权保护与农产品生产和贸易的"双刃剑"影响效应的争论仍在持续，但受制于国家间农产品出口比较优势的不平衡性以及与农业相关的政策法规评估存在困难等因素，鲜有文献以农产品出口质量为视角展开研究。鉴于此，本书聚焦于（出口方）知识产权保护对农产品出口质量的影响并对此展开了研究，以期为农产品出口质量升级选择最优制度提供理论和事实依据。本书在参考 Kiedaisch（2015）[17] 研究的基础上构建了内生增长的质量阶梯模型，不同于大多数研究采用新进入企业承担新品种研发而实现跨越式创新的增长模式（Acemoglu and Akcigit，2012）[159]，该模型以领先企业应对追随企业的追赶威胁展开博弈，其更符合农产品市场中由少数企业主导新品种研发的市场特点。在理论模型的推论的基础上，本书进一步构建经验研究框架进行了实证检验。农产品出口质量指标测度是经验研究的关键。本书对 Berry（1994）[19] 的结构需求模型进行了拓展，以世界农产品市场份额为基准建立了经验分析框架，进一步控制了包含贸易市场转移、价格因素、产品信息、汇率、嵌套份额等多重市场信息，利用嵌套 Logit 和工具变量法反推各国植物类农产品出口质量水平。

# 二、理论模型

假定在植物类农产品生产和贸易中，某国存在时间连续的若干企业供应农产品 $v$。企业个体是风险中立者，且均衡利率外生给定为 $r$。企业生产农产品 $v$ 的质量 $\omega$ 可以通过研发投入 $q>1$ 而逐步提高，即 $v \in \{0, 1, \cdots, k(\omega, t)\}$。其中，$k(\omega, t)$ 表示时间 $t$ 时的最新农产品品种（同时质量最高），将时间为 0 时农产品 $v$ 质量标准化为 1，时间为 $t$ 时的最高质量设定为 $q^{k(\omega, t)}$。如果领先企业在行业内获得连续 $l$ 个受知识产权保护的植物新品种，则会比同行业内其他企业领先了 $l$ 步（$l \geqslant 1$ 且为整数）。不同质量等级的农产品在行业内是完全替代品，其质量升级水平的差异主要取决于农业生产率的提高（Campi，2017）[9]。不同质量等级农产品的单位生产成本不同：农产品新品种 $k$ 的单位成本设定为 1，而产品 $(k-l)$ 的成本则为 $q^l$。那么，在国内 Bertrand 价格竞争市场下，只有最新农产品 $v=k(\omega, t)$ 才会遵循比较优势的原则而出现在国际贸易市场中。在国家农业知识产权保护强度存在差异时，企业农产品研发的创新增长率 $\phi$ 决定了出口质量升级水平。基于此，本书在研究中假定在行业内的农产品贸易市场，各国企业拥有的生产要素均相同，且不存在出口产品被国际市场淘汰的风险。本书旨在控制外部因素的背景下，研究一国农业知识产权保护强度 $\gamma$ 与创新增长率 $\phi$ 的关系。

## （一）利润增量

为了解行业中促进农产品出口质量升级的因素，需要对企业研发后的利润增量进行衡量。假定企业最新农产品 $k(\omega, t)$ 需求函数为：

$$x(k, \omega, t) = \alpha^{1/(1-\alpha)} g^k p(k, \omega, t)^{-1/(1-\alpha)}, \quad 0<\alpha<1 \tag{6-1}$$

需求函数的恒定弹性为 $1/(1-\alpha)$，研发投入会通过影响 $g \equiv q^{\alpha/(1-\alpha)}$ 而增加农产品的市场需求。生产 $k(\omega, t)$ 的领先企业利润函数设定为 $\pi(k, \omega,$

$t)=(p(k,\omega,t)-1)x(k,\omega,t)$，通过求解可得利润最大化时的价格为 $1/\alpha$。领先企业为防止植物新品种被替代，会依靠成本优势而压低价格（$p(k,\omega,t)\le q^l$），进而阻止追随企业进行研发追赶。因此，当 $1/\alpha\le q^l$ 时，市场价格垄断下的最高价格 $p_m=1/\alpha$，而当 $q^l<1/\alpha$，则存在限制研发威胁的最低价格 $p=q^l$。设 $s$ 表示允许领先企业进行无约束垄断定价的最小领先步数。因此，本书分析研究中 $k(\omega,t)$ 的定价范围条件为：

$$q^{s-1}<\frac{1}{\alpha}\le q^s \qquad\qquad (6-2)$$

此时，均衡利润条件可表示为：

$$\pi_m(k,\omega,t)=(1-\alpha)\alpha^{[(1+\alpha)/(1-\alpha)]}g^{k(\omega,t)}\equiv\pi_m g^{k(\omega,t)},\quad l\ge s \qquad (6-3)$$

$$\pi_l(k,\omega,t)=(q^l-1)\alpha^{1/(1-\alpha)}q^{-l/(1-\alpha)}g^{k(\omega,t)}\equiv\pi_l g^{k(\omega,t)},\quad l<s \qquad (6-4)$$

如果 $l\ge s$，表明领先企业为植物新品种的市场垄断者，其垄断利润值与 $l$ 无关。当 $l<s$ 时，领先企业利润随着植物新品种 $k$ 和领先竞争对手步数 $l$ 而增加。为了简化符号，本书定义 $\pi_m\equiv(1-\alpha)\alpha^{(1+\alpha)/(1-\alpha)}$、$\pi_l\equiv(q^l-1)\alpha^{1/(1-\alpha)}q^{-l/(1-\alpha)}$。企业研发投入会逐步提高相对于行业内竞争对手的领先地位，利润增量可给定为：

$$\Delta\pi(k,l,\omega,t)=\pi(k+1,l+1,\omega,t)-\pi(k,l,\omega,t) \qquad (6-5)$$

由此，可以得出研发创新后的利润增量取决于企业在质量阶梯中的初始地位。当 $q<1/\alpha\le q^2$ 时，则表明如果 $0\le l\le 2$，利润增量随企业领先步数 $l$ 而下降①，而对于 $l\ge 2$，企业是无约束垄断者，利润增量独立于 $l$。利润增量对于行业新进入者（$l=0$）是最大的，而领先一步企业则较低（$l=1$），领先两步或两步以上的垄断企业的利润增量则更低（$l\ge 2$）。因此，在农产品市场，追随企业较高的利润增量会激励其研发动机，而领先企业会迫于追随企业的威胁而进行应对决策。本书假定领先企业的农产品受到知识产权保护时，面对追随企业的研发威胁拥有先机优势，会通过提前采取限价措施，以阻止追

---

① 利润增量随着领先地位增加而降低的原因主要是由于"箭头替代效应"（Arrow，1962）[61] 和"逃避竞争效应"（Aghion et al，2001）[160]，该特征可以广泛应用于质量阶梯模型的研究中（Segerstrom，2007；Ledezma，2013）[161-162]。

随企业进入。

## （二）均衡条件

假定农产品行业中最新农产品 $k$ 可通过研发升级到（$k+1$），为了求得质量升级的创新到达率 $\phi$，总研发成本可以设定为：

$$C(\phi_\omega(k+1)) = \begin{cases} cg^k\phi_\omega^{1+\varepsilon} & if\phi_\omega < \overline{\phi} \\ \infty & if\phi_\omega > \overline{\phi} \end{cases} \tag{6-6}$$

$\varepsilon > 0$，表明农产品研发投入回报率递减，边际和平均研发成本随着 $\phi_\omega$ 而逐步提高。$\overline{\phi} > 0$ 是由于农业资源禀赋、生物特性以及技术条件限制创新率不能超过的上限值。假设存在多个企业参与研发竞赛，企业 $i$ 的创新到达率为 $\phi_{\omega i} = \beta_{\omega i}\phi_\omega$，$\beta_{\omega i}$ 为在总研发成本中所占的比例。那么，企业 $i$ 的研发成本给定为 $C_i(\phi_{\omega i}(k+1)) = cg^k\phi_{\omega i}\phi_\omega^\varepsilon$。因此，企业通过增加自身研发投入会提高行业的创新到达率 $\phi_\omega$，相应会提高竞争对手的研发成本。

在产业 $\omega$ 内，领先一步企业生产最新农产品 $k$ 的创新价值可以表示为 $V_1(k, \omega, t)$，则领先两步企业为 $V_2(k, \omega, t)$。在均衡增长路径中（BGP），领先 $l$ 步企业的预期创新价值通过因素 $g$ 而增加，即 $V_l(k+l, \omega, t) = g^l V_l(k, \omega, t)$[①]。

进一步对企业的创新价值进行判定，领先两步企业的创新价值 $V_2(k)$ 为：

$$rV_2(k) = \pi_m g^k - cg^k(\phi_2)^{1+\varepsilon} - \phi_2 V_2(k) + \phi_2 V_2(k+1) \tag{6-7}$$

其中，$\pi_m g^k$ 表示最新农产品 $k$ 获得的利润，$cg^k(\phi^*)^{1+\varepsilon}$ 表示研发成本，第三、第四项分别表示当领先两步企业创新到达率为 $\phi_2$ 时，停止供应农产品 $k$ 而失去的原有价值 $V_2(k)$，以及开始供应新产品（$k+1$）所获得的创新价值 $V_2(k+1)$。

---

① 如果产品质量水平 $k$ 通过创新 $q$ 而升级到下一代，会增加利润。由于在平衡增长路径上 $\phi_\omega$ 恒定，所以，研发投入成本也会通过 $g$ 而增加。

同理，领先一步的企业提供最新农产品 $k$ 的价值可以设定为：

$$rV_1(k) = \pi_1 g^k - cg^k(\phi_1)^{1+\varepsilon} - \phi_1 V_1(k) + \phi_1 V_2(k+1) \qquad (6\text{-}8)$$

基于均衡增长路径 $V_l(\omega, k+l, t) = g^l V_l(\omega, k, t)$，可得产业内研发均衡条件为：

$$\frac{g(\pi_1 - c(\phi_1^*)^{1+\varepsilon})}{r + \phi_1^*} + \frac{\phi_1^*}{r + \phi_1^*} \frac{g^2(\pi_m - c(\phi_2^*)^{1+\varepsilon})}{r - \phi_2^*(g-1)} = c(\phi^*)^\varepsilon \qquad (6\text{-}9)$$

为了简化研究，本书假定 $\varepsilon = 0$ 的极限情况，表明在研发自由进入条件（$V_1(k+1) = cg^k$）下，领先企业和追随企业的研发投入数量不确定，则研发均衡条件可表示为：

$$\frac{g(\pi_1 - c\phi_1^*)}{r + \phi_1^*} + \frac{\phi_1^*}{r + \phi_1^*} \frac{g^2(\pi_m - c\phi_2^*)}{r - \phi_2^*(g-1)} = c \qquad (6\text{-}10)$$

由此，可以看出均衡创新率 $\phi_2^*$ 是关于 $\pi_1$、$\pi_m$ 和 $g$ 的增函数，是关于 $r$ 和 $c$ 的减函数，领先一步企业的创新率可设定为 $\phi_1^* = \phi_2^* = \phi^*$，即研发竞赛中的均衡创新率。该结论表明：在没有追随企业进入威胁时，领先企业的研发创新动力低于追随企业；而当行业内存在追随企业研发威胁时，领先企业会尽可能多地抢先研发，这种先发制人的研发投入取决于追随企业带来的压力大小。

### （三）知识产权保护强度的作用效果

在研发回报率不变（$\varepsilon = 0$）的情况下，为避免出现无追随企业威胁或领先两步企业无限进行研发投入而达到 $\overline{\phi}$，需要对农产品市场自由研发条件进行设定。当没有潜在市场进入者威胁并且存在完全的农业知识产权保护强度时，追随企业的研发价值增量为 $\Delta V = V_1(k+1) = \pi_1 g^{k+1}/r$，而领先两步企业的研发利润增量为 $\Delta V = V_2(k+1) - V_2(k) = \pi_m(g^{k+1} - g^k)/r$，由于边际研发成本给定为 $cg^k$，因此，预期利润最大化为 $\phi(\Delta V - cg^k)$。如果 $\Delta V > cg^k$，企业会选择增加 $\phi$，而当 $\Delta V < cg^k$ 时，企业则不会进行研发投入。那么，研发自由进入条件可以设定为：

$$\frac{\pi_m(g^{k+1} - g^k)}{r} < cg^k < \frac{\pi_1 g^{k+1}}{r} \qquad (6\text{-}11)$$

上述均衡条件中，追随企业可以通过研发而直接获得植物新品种，但在现实中，一国往往会采取限制措施来保护领先企业植物新品种的市场利益。因此，当一国制定完全的知识产权保护时，追随企业要想进行追赶研发需要付出额外的成本。假定行业中追随企业进行前沿研发新品种($k+1$)，需支付的固定成本为$Fg^k$，那么，追随企业的创新成果价值则表示为：

$$V_1(k+1) = \frac{g(\pi_1 - c\phi_1^*)}{r+\phi_1^*} + \frac{\phi_1^*}{r+\phi_1^*}\frac{g^2(\pi_m - c\phi_2^*)}{r - \phi_2^*(g-1)} - Fg^{k+1} \tag{6-12}$$

那么，在均衡状态下$\phi_1^* = \phi_2^*$，$Fg^k$的增加会降低$\phi_2^*$。任何形式的植物品种保护带来的追赶成本增加，如技术许可费、利润分享等，会降低追随企业的创新成果价值。领先企业面临的市场竞争压力会因此下降，降低抢先研发的主观能动性。但更多的情况是，领先企业拥有先发制人的优势后，会进行足够多的研发来提高追随企业的研发门槛，使新进入企业会发现在支付知识产权费用$Fg^k$后无利可图。因此，当行业中最新农产品受到完全的知识产权保护时，就不会存在新进入企业的研发行为。领先企业将不会面临追随企业的竞争压力，进而不会继续进行研发投入。领先企业可能会在获得两步领先后停止创新，甚至可能发现在获得一步领先后停止创新是有益的。

然而，国家农业知识产权保护强度往往不会达到完全保护的地步。本书假定农业知识产权保护会以恒定的失效率$\gamma \geq 0$到期，在知识产权保护失效的情况下，最新农产品品种会落入到公共领域中，追随企业会发现进行研发投入并成为下一个领先企业将有利可图，而领先企业此时可以观察到追随企业的研发追赶，进而根据知识产权保护强度$\gamma$调整自身研发支出。为简单起见，本书忽略了具有两步领先优势的企业因其最新农产品产权到期而失去对领先一步企业的优势，假设领先两步企业的植物新品种权永不到期，则$\phi_2^* = 0$，$\phi_l$为领先$l$步企业的均衡创新率，$\phi_0^*$为产权失效时的创新率。

基于此，领先两步企业的创新价值$V_2(k)$可设定为：

$$rV_2(k) = \pi_m g^k - \gamma V_2(k) \tag{6-13}$$

同理，领先一步企业的创新价值$V_1(k)$可设定为：

$$rV_1(k) = \pi_1 g^k - \phi_1 c g^k - \gamma V_1(k) - \phi_1 V_1(k) + \phi_1 V_2(k+1) \tag{6-14}$$

考虑在平衡增长路径中 $V_l(k+1)=gV_l(k)$，可得：

$$V_1(k+1)=g^{k+1}\frac{\pi_1-c\phi_1}{r+\gamma+\phi_1}+\frac{\phi_1}{r+\gamma+\phi_1}g^{k+2}\frac{\pi_m}{r+\gamma}=cg^k \qquad (6-15)$$

本书将领先一步企业的创新到达率 $\phi_1$ 设为知识产权 $\gamma$ 的函数，$\gamma$ 决定了两步领先企业相对于一步领先企业的盈利能力。因此，在完全的知识产权保护下，领先一步的企业不会受到进入威胁，此时 $\partial V_1/\partial\phi_1\geq 0$，则 $\gamma\leqslant(\pi_m g-\pi_1)/c-r$（情况 A），创新到达率会达到最大化，即 $\phi_1^*=\overline{\phi}$ 且 $V_1(k+1)=cg^k$；当 $\gamma>(\pi_m g-\pi_1)/c-r$ 时（情况 B），领先一步企业不会进行任何研发投入，可得 $\phi_1^*=0$。当知识产权保护失效时，最新植物品种会落入到公共领域中，研发投入的激励因素取决于 $V_1(k+1)$，此时对于任何 $\phi<\overline{\phi}$ 时，追随企业进行研发的边际收益会超过边际成本，即 $\pi_1g^{k+1}/(r+\gamma)>cg^k$，那么 $\gamma<\pi_1g/c-r$。根据利润增量递减规律可知 $\pi_1g/c-r>(\pi_m g-\pi_1)/c-r$，所以，当 $(\pi_m g-\pi_1)/c-r<\gamma\leqslant\pi_1g/c-r$ 时，则此时 $\phi_0^*=\overline{\phi}$；当 $\gamma>\pi_1g/c-r$ 时（情况 C），农业知识产权保护强度足够弱，此时即使最新植物品种落入到公共领域，也不会有企业选择进行研发创新，则 $\phi_0^*=\phi_1^*=0$。

本书采用 $\sigma_l$ 表示领先 $l$ 步企业的行业内市场份额（$l=0$ 表示知识产权失效），在均衡条件下（$\sigma_0+\sigma_1+\sigma_2=1$）可得创新增长率为：$\hat{\phi}=\sigma_0\phi_0+\sigma_1\phi_1+\sigma_3\phi_2$。$\sigma_l$ 是常数且分别满足：$l=0$：$\gamma(\sigma_1+\sigma_2)=\sigma_0\phi_0^*$、$l=1$：$\sigma_0\phi_0^*=\sigma_1\phi_1^*+\sigma_1\gamma$、$l=2$：$\sigma_1\phi_1^*=\sigma_2\gamma=(1-\sigma_0-\sigma_1)\gamma$。

由解决该等式的均衡值 $\sigma_l^*$，可解出：在情况 A 中，$\hat{\phi}_A=\overline{\phi}\gamma(\gamma+2\overline{\phi})/(\overline{\phi}+\gamma)^2$；在情况 B 中，$\hat{\phi}_B=\overline{\phi}\gamma/(\overline{\phi}+\gamma)$。可以看出，在情况 A 和 B 中，均衡创新率 $\hat{\phi}$ 随着农业知识产权保护强度 $\gamma$ 而增加，其在 $\gamma_a=(\pi_m g-\pi_1)/c-r$ 和 $\gamma_b=\pi_1g/c-r>\gamma_a$ 的边界值时最大。

基于上述理论模型推导，本书可以得到如下推论结果：

情况 A：如果 $\gamma\leqslant(\pi_m g-\pi_1)/c-r$，$\phi_0^*=\phi_1^*=\overline{\phi}$ 并且 $\phi_2^*=0$；情况 B：如果 $(\pi_m g-\pi_1)/c-r<\gamma\leqslant\pi_1g/c-r$，$\phi_0^*=\overline{\phi}$ 并且 $\phi_1^*=\phi_2^*=0$；情况 C：如果 $\gamma>$

$\pi_1 g/c-r$，$\phi_0^* = \phi_1^* = \phi_2^* = 0$；这三种情况下均衡增长率分别为：

$$\hat{\phi} = \begin{cases} \dfrac{\overline{\phi}\gamma(\gamma+2\overline{\phi})}{(\overline{\phi}+\gamma)^2} & in\ Case\ A \\[3mm] \dfrac{\overline{\phi}\gamma}{\overline{\phi}+\gamma} & in\ Case\ B \\[3mm] 0 & in\ Case\ C \end{cases} \tag{6-16}$$

根据上述理论推导可得出，农业知识产权保护强度与均衡创新增长率之间存在倒"U"形关系，进而会反映到农产品出口质量阶梯增长上。当行业内最新品种农产品受到完全的知识产权保护时（情况 A 的一个特例 $\gamma=0$），则没有追随企业的研发投入威胁，领先企业会形成行业内的完全垄断，此时行业内均衡创新增长率为零；随着农业知识产权保护强度的降低，行业市场中追随企业开始注意到进行研发投入将有利可图，此时对研发创新的激励作用逐渐提高（情况 A）；如果农业知识产权保护强度足够弱（情况 C），那么，最新植物新品种会落入到公共领域中，企业会发现进行研发是毫无利润可言的，此时均衡创新增长率再次降为零。

# 三、关键指标测度：农产品出口质量

学者最初对出口质量定义的界定是基于产品单价进行衡量（Schott，2004；Hummels and Klenow，2005；Hallak，2006）[163-165]。近年来，部分研究也对价格因素进行了拓展（Xu，2010；Shi，2011）[166-167]，该方法虽然在数据获取方面存在优势，但其弊端也十分明显，无法有效排除成本因素和供需结构关系造成的偏误。对此，本书选择了以消费者效用理论为基础的需求结构模型，采用多维度市场信息反推出口产品质量（Feenstra and Romalis，2014；高小龙，2024）[168-169]。本书基于 Berry（1994）[19] 构建的消费者离散选择效用模型，推导出消费者 $i$ 购买产品 $j$ 的效用函数（$U_{ij}$），其可表示为：

$$U_{ijt} = x_{jt}\beta - \alpha p_{jt} + \xi_{jt} + \sum_k x_{jkt}\sigma_k\eta_{ik} + \varepsilon_{ijt} \tag{6-17}$$

$x_{jt}$ 为产品 $j$ 的可观测特征，$\beta_k$ 为平均偏好系数，$\sigma_k$ 为偏好替代系数，$\eta_{ik}$ 为随机偏好系数，满足独立同分布假定，$p_{jt}$ 表示价格水平；$\xi_{jt}$ 为不可观测特征（产品的垂直化特征），即产品质量的主要构成，可以分解为以下三部分：不随时间变化的产品特征 $\xi_j$，对所有产品的需求冲击效应 $\xi_t$，偏离平均质量水平的固定效应 $\Delta\xi_{jt}$，且 $\xi_{jt}=\xi_j+\xi_t+\Delta\xi_{jt}$；$\varepsilon_{ijt}$ 为产品的水平化特征，控制消费者个体间的偏好差异，比如，消费者可能会选择"质低价高"的产品。其中，$\delta_{ijt}=x_{jt}\beta-\alpha p_{jt}+\xi_{jt}$ 为平均效用水平，$\phi_{ijt}=\sum_k x_{jkt}\sigma_k\eta_{ik}+\varepsilon_{ijt}$ 为消费者的随机偏好特征。本书采用了嵌套 Logit 模型对消费者的随机偏好系数进行描述，最终取得了离散需求模型：

$$\ln(S_{j,t}) = x_{jt}\beta-\alpha p_{jt}+\xi_{jt}+\sigma\ln(S_{j,g,t}) \tag{6-18}$$

本书控制了出口产品的价格因素以及其他影响市场份额的水平差异因素并进行了研究，发现出口产品质量越高，其贸易市场份额也会相应越高。本书使用模型估计出市场份额的残差项，实质上反映的则是产品垂直化条件下的质量升级特征。本书参考 Khandelwal（2010）[170]、陈保启和毛日昇（2018）[171] 的做法，建立了如下经验研究模型：

$$\ln S_{i,j,t}=\beta_1 P_{i,j,t}+\beta_2\ln s_{i,j,t}^g+\beta_3\ln POP_{i,t}+\beta_4 ER_{i,t}+\beta_5\ln\ln DES_{i,t}+\xi_{i,j,t} \tag{6-19}$$

$$\xi_{i,j,t}=\xi_{i,j}+\xi_t+\Delta\xi_{i,j,t}$$

$S_{i,j,t}$ 表示 $i$ 国出口产品 $j$ 的市场份额。本书假定产品目标市场的内部市场份额相对稳定，消费者在外部产品间进行选择。因此，$S_{i,j,t} = \sum_M w_{imjt}\times(EX_{imjt}/TEX_{jmt})$，其中，$w_{ijt}$ 表示产品贸易权重，本书采用 $i$ 国对 $m$ 国出口 $j$ 产品占对世界 $j$ 产品总出口额的比重来表示，$M$ 表示进口国市场的集合，$EX_{imjt}$ 表示 $i$ 国对 $m$ 国出口 $j$ 产品的出口数量，$TEX_{jmt}$ 代表世界向 $m$ 国出口产品 $j$ 的出口数量①。

---

① 本书考虑到大多数农产品为劳动和土地密集型产品，出口市场份额受价格波动影响的可能性较大，为保证结果更加稳健，选用出口数量作为市场份额的计算标准更为稳妥。

$P_{i,j,t}$ 为 $i$ 国出口产品 $j$ 的市场价格。本书对各目标市场的出口产品价格进行了加权平均处理，可表示为：$P_{i,j,t}=\sum_M w_{imjt}\times p_{imjt}$。其中，$p_{imjt}$ 表示 $i$ 国对 $m$ 国出口 $j$ 产品的价格①。控制了价格就等于控制住了影响农产品出口份额的大部分因素（关税、贸易自由化协定、贸易自由化协定等）。鉴于价格和市场份额之间会存在内生性关系，即"华盛顿苹果"效应（Hummels and Skiba，2004）[172]。本书参考 Khandelwal（2010）[170] 的做法，利用贸易成本 $UTC_{i,j,t}$ 作为 $P_{i,j,t}$ 的工具变量。由于贸易成本变量无法直接获取，本书进一步采用 Gaulier 和 Zignago（2010）[173] 的测算方法，在 BACI 提供的 CIF 出口价格的基础上反推出贸易成本②。

$S_{i,j,t}^g$ 表示 $i$ 国出口 $j$ 产品在组内 $g$ 的份额，本文将 HS92 六位编码产品与国际贸易标准分类（SITC-Rev.3 四位码）进行了归并，将各农产品归类到 157 个组中。由于组内份额以及产品质量之间也会存在较强的内生性关系，因此，本书参考众多学者的做法，采用组内产品种类作为工具变量进行经验识别；$POP_{i,t}$ 表示出口经济体的市场规模（王明益，2014）[174]，本书采用各出口经济体的人口数进行衡量，用以控制在更为细分的分类标准下，出口产品种类的数量对出口市场份额的影响作用；$ER_{i,t}$ 表示出口经济体货币对美元的名义直接汇率（上升表示本币贬值），用来控制汇率调整对出口产品市场份额的影响。

$DES_{ijt}$ 表示在 $i$ 国出口 $j$ 产品的目标国中发展中国家的数量，旨在控制出口贸易市场横向变动对贸易份额的影响。质量方程着重体现产品质量对世界市场份额深度增长的变化影响，但本书测算的 $S_{i,j,t}$ 无法排除由贸易市场分散

---

① 为排除价格计算时可能存在的异常值，本书在此利用 Winsor 的方法，按产品分类标准下价格 1% 的异常边缘值进行了替换。

② 本书参考 Gaulier 和 Zignago（2010）[173] 对贸易成本的测算，设定了如下模型：$\ln(CIF_{imjt})=\alpha+\beta\ln(\text{Dist}_{im})+\chi\ln(\text{Dist}_{im})^2+\delta contiguity_{im}+\phi Landlock_i+\gamma Landlock_m+\eta\ln(UV_{jt})+\sum_{l=1998}^{2012}\varphi_l t_l+\varepsilon_{imjt}$ （6-20） $CIF_{imjt}$ 表示出口贸易额，$\text{Dist}_{im}$ 表示地理距离，$Contiguity_{im}$ 表示两国之间是否接壤的虚拟变量，$Landlock$ 表示是否为内陆的虚拟变量，$UV_{it}^j$ 表示出口产品的平均单位质量，$t_l$ 为时间虚拟变量。本书利用 CEPII-BACI 双边贸易数据库进行了 OLS 估计，预测得出了各国出口产品的贸易成本额，并进一步除以出口产品数量得到单位贸易成本。本书采用加权平均处理方法得到单位贸易成本 $UTC_{i,j,t}$。

和转移造成的广度增长的干扰。对于农产品贸易而言，其不仅受到关税等价格因素的影响，非关税壁垒的影响同样不可忽视，如 SPS 措施等，会直接影响出口国的贸易市场和规模的选择（董银果和李圳，2017）[175]。尤其当农产品质量较低时，出口国会迫于进口国 SPS 措施压力而退出目标市场，为稳定国际贸易中的出口份额，出口国往往会选择将贸易转移到准入门槛较低的发展中国家。因此，为排除贸易市场转移的横向变动造成的国际市场份额虚高的现象，本书创新性地引入了 $i$ 国出口 $j$ 产品的目标国中发展中国家的数量作为控制变量。

本书在构建经验方程后，基于 HS 六位编码下对模型（20）进行了分行业 2SLS 回归估计，共计进行了 402 次回归，进而推算出 $i$ 国出口 $j$ 产品的质量分布 $\xi_{ijt}$。为防止在不同行业回归中会出现 $\xi_{ijt}$ 差异较大的问题，本书对估计结果进行了标准化处理：$quality = \xi_{ijt} - \min(\xi_{ijt}) / \max(\xi_{ijt}) - \min(\xi_{ijt})$，最终获得了各国在 HS 六位编码下的农产品出口质量。

# 四、计量模型构建与数据说明

## （一）计量模型构建

基于上述分析，本书建立了跨国面板数据模型并验证了相关结论，本书的基准计量模型设定如下：

$$quality_{ijt} = \alpha_0 + \alpha_1 ipr_{it} + \alpha_2 ipr_{it}^2 + \sum_{h=1}^{H} \chi_h Control_{it}^h + v_i + v_t + v_j + \vartheta_{ijt} \qquad (6-20)$$

其中，$quality_{ijt}$ 为国家 $i$ 在 $t$ 年的农产品 $j$ 的出口质量；$ipr_{it}$ 为 $i$ 国在 $t$ 年农业知识产权保护强度，$ipr_{it}^2$ 为其平方项，该指标测度方案参见本书第三章。如果 $\alpha_1$ 显著为正且 $\alpha_2$ 显著为负，则证明 $ipr_{it}$ 与 $quality_{ijt}$ 之间存在倒 "U" 形关系；$\vartheta_{it}$ 为误差项；$v_i$、$v_j$ 和 $v_t$ 为国家、产品和时间固定效应，本书通过控制遗漏变量，排除其他可观测以及不可观测的因素对 $quality_{ijt}$ 的影响。国家固定效应控制不同国家的市场环境质量、知识溢出等地区异质性的影响；产品固定效应控制不同行业类型农产品的异质性影响；时间固定效应层面则控制农产品质量平均增长速度随时间变化的影响，如信息技术进步、运输成本降低等。

$Control_{it}^{h}$ 为控制变量①，本书在参考 HPS（2015）的模型构建的基础上，选取了以下六个控制变量：①市场规模（$pgdp_{it}$），采用各国历年的人均 GDP 取对数进行衡量；②人力资本水平（$hc_{it}$），采用佩恩世界表中的人力资本核算方法，基于受教育年限以及再教育程度进行度量；③农业投入力度（$fertil\text{-}e_{it}$），考虑到样本数据的可得性，采用每单位农业用地氮肥施用量衡量；④制度质量（$xconst_{it}$），采用目前普遍用到的 POLITY IV 数据库中对行政人员的约束力指标衡量；⑤对外开放度（$open_{it}$），选用贸易开放度作为衡量指标，采用货物进出口贸易占 GDP 的比重衡量；⑥TRIPs 协定（$trips_{it}$），不同国家履行 TRIPs 协定的时间不同，本书旨在检验各国加入 TRIPs 协定后对农产品出口质量升级的影响。

**（二）数据说明和统计性描述**

本书样本范围选取了农产品出口贸易活跃的 80 个国家，时间跨度为 1995~2017 年。本书测算的农产品出口质量指标是基于 CEPII-BACI 的全球贸易数据库（HS92 版本），涵盖了六位编码下的世界农产品双边贸易统计信息。尽管部分国家和地区还存在 HS 八位和十位产品编码的贸易数据，但和 HS 六位编码一样均是对出口产品种类的粗略分类。CEPII-BACI 数据库中的产品贸易统计信息标准统一，有利于不同经济体间的横向比较分析。已有经验研究表明，无论是采用 HS 六位、八位还是十位产品编码的贸易数据，对相关经验研究测度的结果影响非常小（Baldwin and Ito，2011）[176]。

---

① 相关控制变量中，人均 GDP（2011 年为基期）、人力资本水平、对外开放度数据来源于佩恩世界表（PWT9.0），部分缺失数据值由世界银行数据库予以补充；农业投入力度用到的氮肥施用量和农业用地规模数据来源于联合国粮食及农业组织数据库；制度质量的衡量中，对行政人员的约束力数据来源于 POLITY IV 数据库；TRIPs 协定数据来源于 WIPO。

本书的研究对象涵盖了植物类农产品范畴，包括从《商品名称及编码协调制度》（HS6）中筛选出的 6-14、17-22、24 等章节，涵盖了 HS 六位编码下的 402 种农产品。不同类型农产品行业的生物特性、要素投入以及生产技术均存在较大差异，因而对知识产权保护的敏感程度存在行业异质性特征（Awokuse and Yin，2010）[31]。因此，为进一步检验知识产权保护对农产品出口质量的行业异质性影响，本书参考 Regmi 等（2005）[177] 的分类标准，基于 HS 六位编码将农产品分类为大宗农产品、园艺产品和加工农产品三类。本书中相关变量的描述性统计如表 6-1 所示。

表 6-1　相关变量描述性统计情况

| 变量 | 平均值 | 标准差 | 最小值 | 最大值 | 中位数 |
|---|---|---|---|---|---|
| 农产品出口质量（$quality_{ijt}$） | 0.455 | 0.214 | 0.000 | 1.000 | 0.444 |
| 农业知识产权保护强度（$ipr_{it}$） | 2.825 | 1.284 | 0.000 | 4.660 | 3.180 |
| 人均国内生产总值（$lnpgdp_{it}$） | 0.107 | 1.243 | -3.595 | 3.257 | 0.232 |
| 对外贸易开放度（$lnopen_{it}$） | 4.061 | 0.561 | 2.509 | 5.845 | 4.022 |
| 农业投入力度（$lnfertile_{it}$） | -3.577 | 1.568 | -10.625 | 3.325 | -3.261 |
| 人力资本水平（$hc_{it}$） | 1.726 | 0.389 | 0.000 | 1.946 | 1.946 |
| 制度质量（$lnxconst_{it}$） | 2.830 | 0.571 | 1.114 | 3.783 | 2.902 |
| 是否遵循 TRIPs（协定 $trips_{it}$） | 0.921 | 0.270 | 0.000 | 1.000 | 1.000 |

# 五、实证检验与分析

## （一）基准回归检验

在采用农业知识产权保护综合强度指标之前，本书将 $ipr_{it}$ 的五项组成部分带入模型进行了回归估计，以检验各项子指标对农产品出口质量的影响，回归结果如表 6-2 所示。$upov_{it}$ 的系数在回归（1）和回归（4）中显著为正，表明国家遵循 UPOV 法案会显著促进农产品出口质量升级，主要表现为对加工类农产品的积极影响；$farmers_{it}$ 的系数除在回归（2）中显著为正外，其余样本回归均显著为负，表明免除农民特权不仅会对大宗农产品出口质量升级产生积极影响，而且会对园艺类和加工类农产品的出口质量升级产生抑制作用；$breaders_{it}$ 的系数在回归（1）、回归（3）和回归（4）中显著为正，表明实行免除育种者特权政策会显著提升农产品出口质量，主要表现在对园艺类、加工类农产品的积极影响；$duration_{it}$ 的系数值除回归（2）外均显著为正，表明提高植物保护周期会显著促进园艺类和加工类农产品出口质量升级；$scope_{it}$ 的系数值在回归（3）中显著为负，在其余回归中均显著为正，表明扩大专利保护范围不利于园艺类农产品出口质量升级，而会对其他各行业类别产生积极影响。综上回归结果可以看出，农业知识产权保护综合强度的各项子指标体系均会对农产品出口质量产生显著影响。其中，国家遵从 UPOV 法案、免除育种者特权、扩大植物保护周期和专利保护范围均有利于激励行业研发创新，进而对农产品出口质量升级产生积极作用。相比之下，免除农民特权会对农产品出口质量升级产生普遍的抑制作用，其通过提高创新产品的分享成本而降低行业研发积极性，由此所造成的垄断负外部性更大。

表 6-2　农业知识产权保护各项子指标体系回归结果

|  | （1） | （2） | （3） | （4） |
|---|---|---|---|---|
|  | 全样本行业 | 大宗农产品 | 园艺农产品 | 加工农产品 |
| $upov_{it}$ | 0.0031 * <br> （1.95） | 0.0044 <br> （0.88） | 0.0010 <br> （0.34） | 0.0041 ** <br> （2.09） |
| $farmers_{it}$ | −0.0101 *** <br> （−3.85） | 0.0147 * <br> （1.83） | −0.0212 *** <br> （−4.22） | −0.0097 *** <br> （−2.90） |
| $breaders_{it}$ | 0.0042 ** <br> （2.52） | 0.0011 <br> （0.21） | 0.0064 ** <br> （2.02） | 0.0039 * <br> （1.85） |
| $duration_{it}$ | 0.0082 *** <br> （3.40） | −0.0044 <br> （−0.60） | 0.0102 ** <br> （2.22） | 0.0092 *** <br> （2.99） |

续表

| | （1） | （2） | （3） | （4） |
|---|---|---|---|---|
| | 全样本行业 | 大宗农产品 | 园艺农产品 | 加工农产品 |
| $scope_{it}$ | 0.0068** | 0.0169* | −0.0141** | 0.0142*** |
| | （2.19） | （1.79） | （−2.39） | （3.60） |
| $lnpgdp_{it}$ | 0.0064*** | 0.0006 | 0.0068*** | 0.0072*** |
| | （6.31） | （0.18） | （3.45） | （5.60） |
| $lnopen_{it}$ | 0.0047** | 0.0093 | 0.0062* | 0.0031 |
| | （2.53） | （1.61） | （1.75） | （1.33） |
| $lnfertile_{it}$ | −0.0004 | 0.0022 | −0.0004 | −0.0010 |
| | （−0.55） | （0.98） | （−0.27） | （−1.02） |
| $hc_{it}$ | 0.0090* | −0.0088 | 0.0133 | 0.0063** |
| | （1.95） | （−0.62） | （1.53） | （2.41） |
| $lnxconst_{it}$ | 0.0066*** | −0.0005 | 0.0100*** | 0.0104* |
| | （3.27） | （−0.08） | （2.67） | （1.78） |
| $trips_{it}$ | 0.0033* | −0.0051 | −0.0053 | 0.0079*** |
| | （1.74） | （−0.88） | （−1.45） | （3.33） |
| $\_cons$ | 0.3820*** | 0.4284*** | 0.3717*** | 0.3781*** |
| | （24.32） | （8.83） | （12.47） | （18.92） |
| 国家固定 | YES | YES | YES | YES |
| 产品固定 | YES | YES | YES | YES |
| 时间固定 | YES | YES | YES | YES |
| $N$ | 519691 | 50769 | 142092 | 326830 |
| $R^2$ | 0.0532 | 0.0555 | 0.0435 | 0.0565 |

注：括号内数值为 $t$ 统计量；***、**和*分别表示1%、5%和10%的显著性水平。

在控制变量中，$lnpgdp_{it}$、$lnopen_{it}$、$hc_{it}$ 和 $lnxconst_{it}$ 的系数值在全样本和部分行业样本中显著为正，表明国家经济发展程度、对外开放度、人力资本水平和制度质量的提高在一定程度上均会显著促进农产品出口质量升级；$trips_{it}$ 的系数在全样本和加工类农产品样本中显著为正，表明各国遵循 TRIPs 协定有助于促进加工类农产品出口质量升级。$lnfertile_{it}$ 的系数值均不显著，表明生产性原料投入的增加并不会对出口产品质量升级产生显著影响，这从侧面反映出质量提升是研发创新和技术进步的结果，而并非增加生产性原料投入的结果。

## （二）倒"U"形关系检验

表6-2中的回归结果验证了农业知识产权保护综合性指标的有效性，为进一步验证理论推论中知识产权保护强度与农产品出口质量的非线性关系，本书对基准模型（17）进行了回归检验，估计结果如表6-3所示。由表6-3可以看出，在全样本行业、园艺类以及加工类农产品行业中，$ipr^{it}$的系数均显著为正，而$ipr_{it}^2$的系数显著为负，表明知识产权保护与农产品出口质量之间的倒"U"形曲线关系显著存在，一国知识产权保护强度的提高会显著促进农产品出口质量升级，但过高的知识产权保护强度也会加深行业内领先企业的垄断势力，进而对农产品出口产品质量升级产生抑制作用；在对大宗农产品样本的回归检验中，$ipr^{it}$和$ipr_{it}^2$的系数值并不显著，表明不存在显著的非线性关系，这与大宗类农产品受知识产权保护制度影响的敏感程度较低有关 [由表6-3的（2）可知，只有$farmers_{it}$和$scope_{it}$表现出显著特征]。

表6-3　全样本和各行业回归检验结果

| | （1） | （2） | （3） | （4） | （5） | （6） |
|---|---|---|---|---|---|---|
| | 全样本行业 | 大宗农产品 | 园艺农产品 | 加工农产品 | 发达国家 | 发展中国家 |
| $ipr_{it}$ | 0.0063*** (4.71) | 0.0017 (0.41) | 0.0059** (2.30) | 0.0072*** (4.24) | 0.0075** (2.30) | 0.0059*** (3.20) |
| $ipr_{it}^2$ | −0.0009*** (−3.24) | 0.0005 (0.57) | −0.0013** (−2.40) | −0.0009*** (−2.67) | −0.0009 (−1.47) | −0.0010** (−2.40) |
| $lnpgdp_{it}$ | 0.0063*** (6.19) | 0.0007 (0.21) | 0.0070*** (3.58) | 0.0069*** (5.37) | 0.0112*** (3.88) | 0.0052*** (4.13) |
| $lnopen_{it}$ | 0.0057*** (3.10) | 0.0101* (1.79) | 0.0062* (1.76) | 0.0047** (2.00) | 0.0057* (1.86) | 0.0065** (2.56) |
| $lnfertile_{it}$ | −0.0005 (−0.63) | 0.0024 (1.06) | −0.0008 (−0.53) | −0.0009 (−0.98) | 0.0020* (1.96) | −0.0033*** (−3.09) |
| $hc_{it}$ | 0.0087* (1.91) | −0.0091 (−0.65) | 0.0126 (1.46) | 0.0104* (1.79) | −0.0330*** (−3.47) | 0.0142** (2.25) |

续表

| | （1） | （2） | （3） | （4） | （5） | （6） |
|---|---|---|---|---|---|---|
| | 全样本行业 | 大宗农产品 | 园艺农产品 | 加工农产品 | 发达国家 | 发展中国家 |
| $lnxconst_{it}$ | 0.0062*** | 0.0009 | 0.0082** | 0.0063** | 0.0281 | 0.0056** |
| | （3.10） | （0.15） | （2.20） | （2.44） | （1.11） | （2.54） |
| $trips_{it}$ | 0.0047** | −0.0059 | −0.0034 | 0.0097*** | 0.0294*** | −0.0016 |
| | （2.57） | （−1.04） | （−0.96） | （4.17） | （7.07） | （−0.70） |
| $\_cons$ | 0.3801*** | 0.4309*** | 0.3654*** | 0.3767*** | 0.4344*** | 0.3699*** |
| | （24.38） | （8.93） | （12.35） | （19.00） | （7.79） | （18.72） |
| 国家固定 | YES | YES | YES | YES | YES | YES |
| 产品固定 | YES | YES | YES | YES | YES | YES |
| 时间固定 | YES | YES | YES | YES | YES | YES |
| $N$ | 519691 | 50769 | 142092 | 326830 | 242561 | 277130 |
| $R^2$ | 0.0531 | 0.0555 | 0.0433 | 0.0565 | 0.1010 | 0.0452 |

注：括号内数值为 $t$ 统计量；***、** 和 * 分别表示1%、5%和10%的显著性水平。

考虑到发达国家和发展中国家之间在制度建设水平以及植物品种权、技术优势和市场研发能力等方面尚存在较大差距，本书进一步对全样本行业进行了国家异质性检验，结果如表6-3的（5）和（6）所示。此结果表明，$ipr^{it}$ 的系数在发达国家和发展中国家样本中分别为0.0075和0.0059，且均保持统计性显著，而 $ipr_{it}^2$ 的系数虽均为负值，但仅在发展中国家样本中表现显著。可见，知识产权保护强度与农产品出口质量的倒"U"形关系在发展中国家样本中更为明显。农业知识产权保护强度的提高，有利于促进发达国家和发展中国家农产品出口质量升级，尤其对发达国家的积极作用更大，但更强的保护强度会显著抑制发展中国家农产品出口质量升级。其主要原因在于，与发达国家相比，发展中国家在农业知识产权布局以及产业组织形式等方面仍处于劣势地位。更强的农业知识产权保护强度会加深发达国家跨国企业的市场垄断势力以及技术壁垒限制，在一定程度上会减缓甚至阻碍发展中国家中小型农业企业研发创新的速度，进而对发展中国家农产品出口质量升级产生不利影响。

## （三）稳健性检验

在检验变量间的非线性关系时，我们除了引入解释变量二次项外，还可以采用门槛回归模型，通过搜寻准确的门槛值来检验是否存在门槛效应。但本书采用的国家、产品和时间层面的多维度非平衡面板数据，其样本数据量较大，这无疑大大增加了搜寻门槛值的难度。基于此，本书决定采用 Chow 检验的方法确定门槛值。为避免人为设定造成的偶然性，本书将全样本国家的农业知识产权保护强度的平均值 2.8 作为门槛指示变量，可以反映一国农业知识产权保护强度在达到平均水平前后，较弱与较强的保护强度对农产品出口质量的平均影响效应。本书中 Chow 检验结果的 F 统计量为 497.72，其在 1% 的统计水平下显著拒绝原假设，验证了该分界点可以作为农产品出口质量变化的结构性突变点。基于此，本书建立了如下回归模型：

$$quality_{ijt} = \alpha_0 + \alpha_1 ipr_{it}(ipr_{it} \leqslant 2.8) + \sum_{h=1}^{H} \chi_h Control_{it}^h + \upsilon_i + \upsilon_t + \upsilon_j + \vartheta_{ijt}$$
$$(6-21)$$

$$quality_{ijt} = \beta_0 + \beta_1 ipr_{it}(ipr_{it} > 2.8) + \sum_{h=1}^{H} \chi_h Control_{it}^h + \upsilon_i + \upsilon_t + \upsilon_j + \vartheta_{ijt}$$
$$(6-22)$$

如果 $\alpha_1$ 显著为正，而 $\beta_1$ 显著为负，则可证明知识产权保护与农产品出口质量间的倒"U"形关系是稳健的。本书中非线性关系检验的模型估计结果如表 6-4 所示。由表 6-4 可以看出，在全样本行业、园艺类和加工类农产品样本回归结果中，$ipr_{it}$（≤2.8）的系数值均显著为正，而 $ipr_{it}$（>2.8）的系数值则显著为负。该结论进一步验证了知识产权保护强度与农产品出口质量之间的倒"U"形关系显著存在。适度的知识产权保护强度会有利于促进农产品出口质量升级，而较高的知识产权保护强度并不利于均衡创新率的增长。值得注意的是，在园艺类和加工类农产品样本中，$ipr_{it}$（>2.8）的系数值分别为 -0.0162 和 -0.0064。可见，更强的知识产权保护力度对园艺类农产品出口质量的抑制作用更大，该结果在上文 $ipr_{it}^2$ 的系数中也得到了体现。园艺类农产品大多为播种材料、切花和新鲜的蔬菜和水果等，其更易受到模仿和复制的威胁，因而对农业知识产权保护制度更为敏感。更严格的农业知识产权保护制度的实行，尤其是免除农民特权和扩大专利保护范围会进一步加深植物遗传资源的垄断性［根据知识产权保护各项子指标检验表 6-4（3）中的结果，$farmers_{it}$ 和 $scope_{it}$ 的平均影响效应均为负］，由此所带来的创新低效率对园艺类农产品出口质量的抑制作用更大。

表6-4　非线性关系检验

| | (1) | (2) | (3) | (4) | (5) | (6) | (7) | (8) |
|---|---|---|---|---|---|---|---|---|
| | 全样本行业 | | 大宗农产品 | | 园艺农产品 | | 加工农产品 | |
| $ipr_{it}$（≤2.8） | 0.0057 *** (4.43) | | 0.0056 (1.41) | | 0.0055 ** (2.22) | | 0.0058 *** (3.54) | |
| $ipr_{it}$（>2.8） | | -0.0078 *** (-3.54) | | 0.0081 (1.20) | | -0.0162 *** (-3.87) | | -0.0064 ** (-2.30) |
| 国家固定 | YES | YES | YES | YES | YES | YES | YES | YES |
| 产品固定 | YES | YES | YES | YES | YES | YES | YES | YES |
| 时间固定 | YES | YES | YES | YES | YES | YES | YES | YES |
| $N$ | 225910 | 293781 | 22225 | 28544 | 61984 | 80108 | 141701 | 185129 |
| $R^2$ | 0.0510 | 0.0683 | 0.0615 | 0.0610 | 0.0432 | 0.0614 | 0.0537 | 0.0722 |

注：括号内数值为 $t$ 统计量；***、** 和 * 分别表示1%、5%和10%的显著性水平。

# 六、本章小结

本书通过构建内生增长的质量阶梯模型以及经验研究框架，探究了知识产权保护对农产品出口质量的影响。本书通过理论模型推论发现：知识产权保护与农产品出口质量间存在倒"U"形关系，适度的知识产权保护强度会为农业研发市场注入新鲜活力，有利于激励均衡创新增长率的提高，而较弱和较强的知识产权保护强度会降低农业研发市场的均衡创新水平。本书进一步构建指标测度体系和经验研究框架并展开了实证研究，验证了理论推导结果的存在性。本书中的经验研究结果表明：国家遵从 UPOV 法案、免除育种者特权、扩大植物品种保护周期和专利保护范围均会对农产品出口质量升级产生显著的积极影响，而免除农民特权对农产品出口质量升级表现出负向作用；知识产权保护与农产品出口质量的倒"U"形关系特征显著存在，尤其在发展中国家样本中更为明显；在园艺类和加工类农产品样本中，更严格的知识产权保护强度会对农产品出口质量升级产生显著的抑制作用，而在大宗类农产品样本中并无显著影响。

# 第七章　知识产权保护与植物类农产品贸易依赖网络演化

## 一、引言

"洪范八政，食为政首。"粮食安全问题受到多维因素的影响，包括人口增长、自然灾害、战争冲突、疾病等，这些因素的交叉作用会对全球区域间粮食供应系统产生巨大的冲击，进而可能最终演化为粮食危机（D'Odorico et al.，2014）[3]。对此，国际贸易在解决全球粮食供应和分配不均上发挥了重要作用，可有效缓解区域间不稳定因素造成的冲击。数据表明，在过去的30年，谷类、果蔬等植物类农产品贸易增长翻了1倍之多，世界有近52亿人生活在粮食进口国，有23%的农业生产流通依赖于国际贸易（Dupas et al.，2019）[5]。植物类农产品的生产和贸易几乎涉及世界上所有国家，进而形成了一个全球性的贸易依赖网络，其虽有助于缓解全球区域间的粮食供需波动，但同时也会放大不稳定因素带来的冲击影响（Burkholz and Schweitzer，2019）[4]。例如，2007~2008年的金融危机、2020年的新冠疫情等突发事件造成的粮食生产危机在全球农产品贸易依赖网络中迅速蔓延，造成了灾难性的伤害，尤其对于粮食供应严重不足的部分发展中国家而言，高度的进口依赖增加了外部冲击造成的粮食短缺风险（Torreggiani et al.，2018）[178]。因此，正确认识全球植物类农产品贸易依赖网络演变结构，研究如何通过更好的政策来改善全球贸易网络的过度依赖化，这对于平衡国际农产品贸易和粮食安全的关系十分重要（Dithmer and Abdulai，2017）[179]。

　　农业知识产权保护改善了以生物创新为核心竞争的国际农产品贸易条件，但同时也加剧了南北国家间贸易竞争的实力分化（杨静等，2017）[140]。欧美等发达国家农业知识产权保护制度建设成熟且育种创新累积程度较高，因而掌握了全球植物育种领域内的大多数知识产权，其在后 TRIPs 时期"新自由主义农业政策"的主张下，不断支持本国农业垄断资本、贸易产品侵蚀国际农产品贸易市场（Marchal et al.，2011；FAO，2014）[14-15]。反观发展中国家，受制于研发投入不足以及植物品种权转化率较低的现实，其在与发达经济体植物类农产品贸易竞争的知识产权博弈中处于劣势（任静等，2019）[116]。有数据显示，杜邦、孟山都和先正达等大型欧美跨国公司控制了世界种子贸易市场近50%的比例；美国 ADM、法国路易达孚等四大粮商控制了全球 80%的粮食贸易；美国 PM 等七家跨国公司控制了全球 90%的烟草贸易；尤尼莱佛仅一家公司控制了全球 30%的食用油、人造黄油贸易（Clancy and Moschini，2017）[89]。因此，国际知识产权保护协作体系已成为拥有产权、技术优势的发达经济体跨国公司扩大贸易市场垄断势力的助推器，这不仅可能会阻碍和扭曲发展中国家粮食生产和贸易系统，还可能会加深发展中国家的农产品进口贸易依赖性（尹成杰，2010）[118]。那么，在农业国际化进程加速的背景下，全球知识产权保护协作体系的加深对植物类农产品贸易依赖网络的作用效果究竟如何？其中的作用机制又如何？为回答上述问题，本书针对农业知识产权保护对植物类农产品贸易依赖网络演化的影响展开了研究。

　　现有关于知识产权保护与农产品贸易的研究文献大多局限于传统的国家双边贸易，而对于全球农产品贸易依赖网络知之甚少（Campi and Marco，2016；张琳琛和董银果，2020）[8][122]。归根结底，国际贸易的本质是网络化结构。因此，知识产权保护对农产品贸易的影响研究要跳出传统的国家双边贸易研究视域，要从全球农产品贸易整体依赖网络结构进行考察。贸易网络可以更完整、系统地呈现国家之间的贸易市场联系和相互依赖关系，现已经成为贸易经济研究领域的前沿领域，尤其是复杂网络关系的可视化分析以及网络拓扑结构演变影响因素的统计建模分析（吕越和尉亚宁，2020；刘林青等，2021）[180-181]。本书的研究贡献主要在于：首先，基于"第三方效应"的国家贸易依赖关系指标测度，运用社会网络分析方法构建了国际农产品贸易依赖网络，全面阐述了农产品贸易依赖网络拓扑结构的形成与演化，弥补了现有关于农产品贸易依赖网络研究的认知不足；其次，采用前沿的时态指数随机模型（TERGM）及其分解的形成模型和解除（持续）模型（STERGM），将网络拓扑结构演变的内生和外生影响因素纳入统一的经验研究框架，系统评估了知识产权保护以及相关内、外生因素对全球农产品贸易依赖网络的作用效果；最后，利用文献梳理、事实思辨以及理论推演的方法解析了双向（出口方与进口方）知识产权保护影响全球农产品贸易依赖网络的作用机理，并进一步构建指标体系和经验研究框架进行了科学验证，从农产品贸易总体规模、产品种类与数量、产品质量、贸易集中度以及贸易市场份额多个维度解析了知识产权保护对农产品贸易依赖网络演化的影响。

# 二、研究方法、变量说明与数据来源

## （一）基于社会网络分析的农产品贸易依赖网络构建

### 1. 国家贸易依赖指标测度

以往研究中，关于衡量国际贸易依赖关系的指标，学术界大多采用贸易依存度（Brown，1940）[182]、贸易密集指数（Frankel，1997）[183]、HM指数（Baldwin，2009）[184] 和显示性贸易偏好指数（Iapadre and Tironi，2009）[185] 等。但传统贸易依赖指数是基于贸易双方关系的测量，而并未考虑到国际贸易依赖关系的网络化结构。任何两个国家之间的贸易依赖关系不仅取决于贸易双方，而且会受到贸易网络结构中其他国家的间接影响，即存在"第三方效应"[1]。基于此，本书借鉴 Xia（2011）[186] 和刘林青等（2021）[181] 的测度方法，将社会学中的网络化结构纳入贸易依赖关系研究中，对国际贸易依赖指数的内涵重新进行了定义：贸易依赖性不仅取决于两国之间的直接贸易联系，还与贸易网络中两国各自的可替代贸易有重要关系。本书中的农产品贸易依赖指数测度公式设定为：

$$td_{ij} = c_{ij}^2 \left( \frac{H_{cj}}{H_{vi}} \right) \tag{7-1}$$

其中，下标 $i$ 为贸易依赖关系的发送者（出口国），$j$ 则为贸易依赖关系的接受者（进口国）；$td_{ij}$ 为 $i$ 国与 $j$ 国间的贸易依赖度，即 $j$ 国对 $i$ 国的进口贸易依赖指数。

式（7-1）中，$c_{ij}^2$ 为进口贸易份额，即 $i$ 国对 $j$ 国的出口贸易数量占 $j$ 国总进口数量的比重。$H_{cj}$ 为 $j$ 国自身的进口集中度，$H_{vi}$ 为 $i$ 国自身的出口集中度，二者的计算方式是采用 HHI 指数（赫芬达尔—赫希曼指数）的测算方法，可以反映贸易网络中"第三方效应"的影响，计算公式为：

$$H_{vij} = \frac{\sqrt{\sum_{k=1}^{m}\left(\frac{q_{jk}}{q_j}\right)^2} - \sqrt{\frac{1}{m}}}{1 - \sqrt{\frac{1}{m}}}, \quad H_{ci} = \frac{\sqrt{\sum_{k=1}^{n}\left(\frac{q_{ki}}{q_i}\right)^2} - \sqrt{\frac{1}{n}}}{1 - \sqrt{\frac{1}{n}}} \tag{7-2}$$

其中，$m$ 为 $j$ 国进口贸易来源国的总数，$n$ 为 $i$ 国出口贸易目的国的总数。由此可以看出，$j$ 国对 $i$ 国进口贸易依赖度 $td_{ij}$ 与进口贸易份额 $c_{ij}^2$、$j$ 国进口贸易集中度 $H_{cj}$ 成正比，与 $i$ 国出口集中度 $H_{vi}$ 成反比。

2. 农产品贸易依赖网络构建

基于上述国家贸易依赖指标 $td_{ij}$ 测度，本书采用设置贸易门槛阈值的方

---

[1]　例如，2017 年，巴西占中国大豆进口份额的 53%，随着中美贸易摩擦升级，2018 年巴西占中国进口份额的比例达到了 75%，这意味着中国与巴西农产品贸易依赖关系会受到"第三方效应"（美国）的间接影响。

法来识别贸易网络中存在的显著依赖关系，并构建了农产品贸易依赖关系的有向二值网络系统，旨在识别和对比国家间贸易依赖关系的复杂的网络拓扑结构演化。本书中的农产品贸易依赖网络系统 $Network\text{-}td_t$ 设定为：

$$Network\text{-}td_t = (V(E_t,\ F_t),\ A_t,\ W_t) \tag{7-3}$$

其中，$V(E_t,\ F_t)$ 为 $t$ 时农产品贸易依赖网络结构；$E_t$ 为网络节点集，即参与农产品贸易的国家集合；$F_t$ 为网络边集，即 $i$ 国向 $j$ 国发送的贸易依赖关系，若依赖关系成立，则 $F_t = 1$，若不成立，则 $F_t = 0$；$A_t$ 为网络节点的特征属性，即各国与农产品贸易有关的地区发展属性；$W_t$ 为网络边的权重属性，即国家间贸易依赖指数的大小。

为更加清晰地展示国家间农产品贸易依赖关系的网络拓扑结构演化，本书通过设置门槛阈值的方法对贸易依赖网络系统的节点和边进行骨干提取。首先，本书参考 De Benedictis 等（2014）[187] 的方法对网络节点进行了筛选，最终得出了 101 个代表性农产品贸易参与国①；其次，本书参考刘建（2013）[188]、Pan（2018）[189] 的方法，通过设置百分比门槛阈值来提取重要的贸易依赖关系。门槛阈值的设定并没有统一的标准，不同学者依据网络节点和边的数量设定的门槛阈值不尽相同。例如 Kali 和 Reyes（2010）[190] 将其设定为 1%~2%，Pan（2018）[189] 将其设定为 2%，刘林青等（2020）[191] 将其设定为 2% 和 5%。考虑到每个国家都存在少数、核心的农产品贸易伙伴，本书设定门槛阈值为 2%，最终可得历年网络边的数量在 220 条左右，其足够捕获各国在贸易网络中排名前 1~4 的重要贸易伙伴国。在复杂的网络模型构建的基础上，本书采用一系列网络统计指标对农产品贸易依赖网络关系进行了刻画，主要包括网络密度、平均度、路径长度、网络直径、模块化、聚类系数。

## （二）基于动态网络分析的 TERGM 模型及其分离模型构建

基于社会网络分析的网络统计指标主要是网络特征的描述性静态分析，

---

① 本书选取的国家样本均可展示在可视化分析图中，此处限于篇幅有限并未一一列出。

无法深入揭示知识产权保护对农产品贸易依赖网络的作用效果。本书进一步构建了基于动态网络分析的前沿计量方法，并对农产品贸易依赖网络关系的演变机制进行了检验。传统的计量回归模型的建模基础是假定观测对象间彼此相互独立，但贸易依赖网络中国家之间存在相互依赖关系且存在"第三方效应"的影响，这违反了独立性假设，因而沿用传统的计量回归模型无法得到稳健、无偏的估计结果。指数随机图（ERGM）模型作为新兴的前沿计量方法，可以很好地解决该问题，在复杂网络关系的形成和演化机制研究中已得到广泛应用（Smith et al.，2019；唐晓彬和崔茂生，2020；Matous et al.，2021）[192-194]。该方法最大的优势是可以同时处理网络内生结构、行为者关系以及网络外部特征因素，进而综合评估网络关系生成的内、外生因素（Cranmer and Desmarais，2011；Wu et al.，2020）[195-196]。但 ERGM 模型是基于静态横截面网络数据的分析方法，并不具备时序分析能力，即无法评估具有时间动态性的网络结构演变，而本书更加关注的是全球知识产权保护加强对农产品贸易依赖网络的动态影响。因此，本书采用时态指数随机图（TERGM）模型，其作为 ERGM 在时序分析能力上的拓展模型，既集合了 ERGM 模型在网络分析应用中的优势，同时也考虑到了网络关系生成的时间依赖属性（Leifeld et al.，2018）[197]。

本书设定的 TERGM 模型构建如下：

$$\Pr(Y_t = y_t \mid Y_{t-1} = y_{t-1} ; \theta) = \frac{1}{\kappa} \exp \sum_{q=1}^{q} \theta_q \lambda_q (n, ipr, e, x) \tag{7-4}$$

其中，$\Pr(Y_t = y_t \mid Y_{t-1} = y_{t-1} ; \theta)$ 为农产品贸易依赖关系的存在性，存在则为 1，不存在则为 0；$Y_t$ 和 $Y_{t-1}$ 为 $t$ 时和 $(t-1)$ 时的农产品贸易依赖网络，本书将其网络结构分别设定为 $y_t$ 和 $y_{t-1}$；$\kappa$ 是确保恰当概率分布的归一化常数；$\lambda_q(n, ipr, e, x)$ 为网络化结构中的配置统计量，在每个配置统计量中所有网络边和节点均被视为相互依赖，其对整体网络结构布局能起到调节作用；$\theta_q$ 为 $\lambda_q(n, ipr, e, x)$ 中待估计变量所对应的参数；$ipr_t$ 为农业知识产权保护强度；$e$ 为一系列网络关系生成有关的内生结构变量；$x$ 为一系列网络节点的外生结构属性，主要包括传统贸易引力模型中的国家特征变量。

在动态网络关系分析中，网络拓扑结构演变可以分解为两个层面：一是网络结构中新关系的形成（Formation）；二是网络结构中旧关系的解除（Dissolution）或持续（Persistence）。这两种网络拓扑结构变动的作用原理不同，因而对二者的影响因素分析也存在一定差异（Hanneke et al.，2010）[198]。本书所探讨的贸易依赖网络亦需要从关系形成和解除（持续）两部分展开讨论，这会极大地提高知识产权保护对农产品贸易依赖网络结构特征的影响的可解释性。鉴于此，本书参考 Krivitsky 和 Handcock（2014）[199] 的做法，对TERGM 模型进行了分解处理，通过生成形成模型和解除（持续）模型两个方程（可称为 STERGM 模型）来估计两组的影响参数，进而分别刻画知识产权保护对农产品贸易依赖网络中新关系的形成以及对已有网络关系解除（持续）的影响。直观地说，TERGM 是由网络关系的形成模型和解除（持续）模型共同组成的，虽然这两个模型随时间趋势的变化而相辅相成，但二者在任何给定年份内都是条件独立的，可以有效保证模型参数估计的灵活性、明确性以及可解释性（Graif et al.，2017）[200]。TERGM 模型的分解如下：

$$\Pr(Y^t = y^t \mid Y_{t-1} = y_{t-1}; \theta) = \Pr(Y^+ = y^+ \mid Y_{t-1} = y_{t-1}; \theta^+)\Pr(Y^- = y^- \mid Y_{t-1} = y_{t-1}; \theta^-) \tag{7-5}$$

其中，$\Pr(Y^+ = y^+ \mid Y_{t-1} = y_{t-1}; \theta^+)$ 为贸易依赖网络中新关系形成的存在性；$Y^+$ 为 $(t-1)$ 时到 $t$ 时的贸易依赖关系的形成网络，本书将其网络结构设定为 $y^+$。$\Pr(Y^- = y^- \mid Y_{t-1} = y_{t-1}; \theta^-)$ 为贸易依赖网络中旧关系解除（持续）的存在性；$Y^-$ 为 $(t-1)$ 时到 $t$ 时的贸易依赖关系的解除（持续）网络，本书将其网络结构设定为 $y^-$。值得注意的是，$y_t$ 和 $y_{t-1}$ 是可以实际捕捉到的，而 $y^+$ 和 $y^-$ 可被视为 $y_t$ 和 $y_{t-1}$ 的组合状态，进而可以确定网络拓扑结构演进的中间状态。那么，$y^+$ 和 $y^-$ 的设定方式分别表示为：$y^+ = y_{t-1} \cup y_t$、$y^- = y_{t-1} \cap y_t$。因此，网络关系的形成模型和解除（持续）模型可分别表示为：

$$\Pr(Y^+ = y^+ \mid Y_{t-1} = y_{t-1}; \theta^+) = \frac{1}{\kappa^+}\exp\sum_{q=1}^{q}\theta_q^+\lambda_q^+(n, ipr, e, x) \tag{7-6}$$

$$\Pr(Y^- = y^- \mid Y_{t-1} = y_{t-1}; \; \theta^-) = \frac{1}{\kappa} \exp \sum_{q=1}^{q} \theta_q^- \lambda_q^- (n, \; ipr, \; e, \; x) \qquad (7\text{-}7)$$

本书采用极大似然估计方法（MLE）对 TERGM 模型及其形成模型和解除（持续）模型进行了拟合估计。由于网络拓扑结构中节点和边数较多且错综复杂，因而不宜直接进行 MLE 估计（Desmarais and Cranmer，2012）[201]。针对该问题，目前最有效的解决方法是采用伪极大似然估计方法（MPLE）和马尔科夫链蒙特卡罗极大似然估计方法（MCMC MLE）进行近似估计。相比较而言，基于自助法抽样的 MPLE 方法在大样本量估计中的运算效率和拟合精度更具优势（Leifeld et al.，2018）[197]，因此，本书采用 MPLE 方法对 TERGM 及其分离模型进行了拟合估计，同时采用 MCMC MLE 方法进行了稳健性检验。

**（三）变量说明**

1. 农业知识产权保护强度

农业知识产权保护指标是网络外生结构中行为者属性的核心变量。在关于知识产权保护指标应用的研究中，Ginarte 和 Park（1997）[18] 构建的指标框架体系以及世界经济论坛（WEF）编制的全球竞争力指数得到了广泛应用，但这类综合性指标无法准确界定对农业领域的具体影响。因此，本书采用 Campi 和 Nuvolari（2015）[13] 为农业部门制定的指标测度方案，该指标涵盖了国家遵循 UPOV 法案类型、育种权利保护（育种者和农民）、植物品种（有性和无性繁殖）以及生物专利保护等多个领域，可以有效衡量世界各国农业知识产权保护强度，可用于国家之间的横向比较。具体指标测度方案参见本书第三章。

2. 网络内生结构变量

网络内生结构变量组合为贸易依赖网络系统形成的自组织过程，其并不涉及贸易双方的政治、经济等国家特征属性，而是驱动网络关系形成和演化的内部特定模式。本书参考 Song 等（2020）[202]、唐晓彬和崔茂生（2020）[192] 的内生结构变量组合，选取了边数（*edges*）、互惠性（*reciproci-*

$ty$）、偏好依附性（$gwidegree$）、传递连通性（$gwdsp$）、传递闭合性（$gwesp$）、稳定性（$stability$）、变异性（$Variability$），具体内生结构变量的指标解释如表 7-1 所示。

表 7-1　TERGM 模型参数介绍

| 变量名称 | 模体 | 网络格局描述 |
|---|---|---|
| 边数<br>（$edges$） | | 贸易依赖关系的基准倾向，间接反映网络密度 |
| 互惠性<br>（$reciprocity$） | | 网络节点 $i$ 与 $j$ 之间形成互惠关系，均对彼此发送出贸易依赖关系 |
| 偏好依附性<br>（$gwidegree$） | | 网络节点 $i$ 同时接收到多个贸易依赖关系 |
| 传递性<br>（$gwesp$） | | 网络节点 $i$ 通过第三方网络节点 $k$ 的路径向 $j$ 传递出间接贸易依赖关系，进而与 $j$ 间形成了直接贸易依赖联系（可理解为"我朋友的朋友就是我的朋友"），最终形成了传递闭合循环的网络结构 |
| 稳定性<br>（$stability$） |  | 网络节点间的贸易依赖关系在 $t$ 时和（$t+1$）时保持一致 |
| 变异性<br>（$Variability$） |  | 网络节点间的贸易依赖关系在 $t$ 时和（$t+1$）时发生改变，出现关系边新增或消失 |
| 发送者效应 | | 发送者属性对贸易依赖网络关系的影响 |
| 接受者效应 | | 接受者属性对贸易依赖网络关系的影响 |
| 网络外部特征 | | 网络节点的外生网络特征对贸易依赖关系形成的影响，包括相对地理距离、是否相邻、是否有共同官方语言、是否存在殖民关系 |

边数（$edges$）表示的是贸易依赖网络中关系边的数量，可以间接反映网络密度的大小，其相当于传统线性回归模型中的截距项。互惠性（$reciprocity$）表示的是网络节点之间形成互惠依赖关系的程度，即网络节点 $i$

国与 $j$ 国之间相互发出贸易依赖关系的可能性。互惠性不仅是 WTO 倡导的行动规范中的基本准则，同时也是实现国际分工、资源互补的共赢模式，因而互惠性有利于贸易依赖网络的形成（许和连等，2015）[203]。偏好依附性（$gwidegree$）表示的是贸易依赖网络关系的聚敛性特征，即某一网络节点国家 $j$ 同时接收多个国家 $i$ 发出的贸易依赖关系。在国际贸易依赖网络中会存在极少数的"贸易明星"国家，如美国、德国等少数发达经济体，其凭借资本优势和知识产权优势而更具有贸易市场吸引力，因而降低了贸易依赖网络形成的多中心节点可能性（Hunter，2007）[204]。传递性（$gwesp$）表示的是网络节点群体的中介联动形式，即网络节点 $i$ 国与 $j$ 国间通过一个或多个第三方节点实现间接贸易依赖关系的传递，且受第三方中介影响还会形成直接贸易依赖关系。在国际贸易中，受地区间政治、文化、语言和地理等差异的影响，贸易依赖网络国家节点间会存在信息不对称造成的信息搜寻和匹配成本。贸易国为降低市场不确定性而造成的贸易风险，会倾向于通过第三方贸易伙伴国的信息共享来连通新贸易依赖关系，进而会呈现多连通性的网络结构特征。稳定性（$stability$）和变异性（$Variability$）表示的是网络节点间的贸易依赖关系随时间变化的更改程度。稳定性指的是网络节点 $i$ 国与 $j$ 国间在 $t$ 时存在或不存在贸易依赖关系，在（$t+1$）时依旧没有发生改变。变异性指的是贸易依赖关系随时间发生了改变（新增或消失）。国际贸易会受到经济形势、外交政策、突发事件等多重不可控因素的影响而造成贸易成本的波动，使国家对于贸易依赖关系的维持抑或破坏产生"自选择"倾向，进而造成贸易依赖网络结构的动态演变。

3. 网络外生结构变量

网络外生结构变量为传统贸易引力模型中控制变量的设定，主要包括行为者属性和网络外部特征，其与贸易依赖网络结构的形成和演化有直接关系。本书参考 Campi 和 Marco（2016）[8]、张琳琛和董银果（2020）[122] 的建模方案来构建外生结构变量组合。行为者属性为贸易依赖关系发送者和接受者的国家特征变量，主要包括人均国内生产总值（$pgdp$）、人口数量（$pop$）、对外开放度（$open$）、汇率波动（$xr$）、是否签署 $TRIPs$ 协定（$trips$）。网络外部特征为贸易依赖关系布局的固定外生情境因素，与贸易关系发生的固定成本有直接关系，主要包括国家间的地理距离（$dist$）、是否有共同官方语言（$conlang$）、是否存在殖民关系（$colony$）。

### （四）样本数据范围及来源

本书样本数据范围为 1995~2019 年 101 个典型国家组成的农产品贸易依赖网络。自 2020 年开始，新冠疫情在全球范围内迅速扩散，诱发了农业生产下降、跨境交易关闭、贸易保护主义兴起、价格飙升、世界经济衰退等诸多问题。为有效控制新冠疫情造成的外生冲击，本书将研究期间选择为 1995~2019 年。另外，本书所探讨的农产品贸易指的是狭义的农业范畴，即植物类农产品贸易。其主要原因在于：一方面，植物类农产品所涉及的谷物类作物、果蔬以及种子产品等与粮食供给安全的关系更为密切，且世界植物类农产品贸易占全类别农产品贸易的比例高达近 70%；另一方面，UPOV 和 TRIPs 协定倡导的农业知识产权保护内容均与植物类农产品高度相关。因此，本书选用植物类农产品作为研究样本更具有代表性。本书中植物类农产品贸易的产品范畴涵盖了从《商品名称及编码协调制度》（HS6）筛选出的 6-14、17-22、24 等章节。

考虑到网络拓扑结构的短期波动以及 TERGM 的运算效率，本书在动态贸易依赖网络模型估计中以两年为间隔周期，分别包含 1995 年、1997 年、1999 年……2019 年（共计 13 期），它们形成了随时间动态变化的贸易依赖观测网络。农产品贸易数据来源于 CEPII-BACI 数据库（https://www.cepii.fr/）；人均国内生产总值数据、人口数据来源于世界银行数据库（https://data.worldbank.org/）和佩恩世界表（PWT9.0）；农业用地规模数据来源于联合国粮食及农业组织数据库（https://faostat.fao.org/）；签署 TRIPs 协定数据来源于 WIPO（https://www.wipo.int）；地理距离、是否有共同官方语言、是否存在殖民关系、是否存在共同的殖民者数据来源于 CEPII（https://www.cepii.fr/）。

# 三、网络特征化分析、实证估计与结果分析

## （一）贸易依赖网络拓扑结构演化分析

### 1. 植物类农产品贸易依赖网络描述性统计分析

本书以三年为间隔，分别计算了 1995~2019 年 9 个时期的植物类农产品贸易依赖网络的描述性统计参数，以更好地洞察贸易依赖网络的演化趋势，结果如表 7-2 所示。由表 7-2 可以看出，农产品贸易依赖网络拓扑结构表现出一定的稳定性特征，但稳中有变。网络密度代表了网络节点间的联系密切程度，9 个时期的平均网络密度约为 0.22。贸易依赖网络平均度约为 1.969~2.182，且呈现出倒"N"形变化趋势，这表明每个网络节点的平均依赖关系边数在 2 条左右，1995~2001 年贸易依赖网络平均度表现出一定的下降趋势后，在 2004~2010 年出现明显的上涨趋势，这与后 TRIPs 时期"新自由主义农业政策"、金融危机等引发的农业贸易保护主义抬头有很大关系。贸易依赖网络平均路径长度为 2.22，而平均网络直径为 6，这表明每个网络节点大约通过两步即可实现贸易依赖关系的传递，且最长的路径距离约为 6，这符合 Milgram 提出的"六度分割"假说，即"小世界现象"的推断。贸易依赖网络的模块化和聚类系数表现出一定的递增趋势，表明农产品贸易依赖网络结构呈现网络中心节点的聚集趋势，且呈现多区域中心的社群模块化发展趋势。

本书进一步计算了各个时期的平均国际贸易依赖指数以及农产品知识产权保护强度，据此可有效观察二者之间的演变趋势。由表 7-2 可以看出，世界农产品知识产权保护平均强度整体表现出持续增长趋势。本书通过观察国际农产品贸易依赖指数，发现该值除在 2007 年时表现出上涨趋势外（与上述网络平均度的变动趋势相吻合，与贸易保护主义抬头有关），总体表现出一

定程度的减缓趋势，从 1995 年的 0.137 降低到 2004 年的 0.105，再降低到 2019 年的 0.097。该结果意味着，后 TRIPs 时期世界贸易国之间的新市场联系普遍增多，所形成的贸易往来可替代性和多元化削弱了经济体间的贸易依赖程度，而这一定程度上与世界农产品知识产权保护提升带来的调节作用有关。

表 7-2　1995~2019 年农产品贸易依赖网络描述性统计

| | 1995 年 | 1998 年 | 2001 年 | 2004 年 | 2007 年 | 2010 年 | 2013 年 | 2016 年 | 2019 年 |
|---|---|---|---|---|---|---|---|---|---|
| 网络密度 | 0.022 | 0.022 | 0.021 | 0.022 | 0.022 | 0.023 | 0.021 | 0.021 | 0.021 |
| 平均度 | 2.182 | 2.124 | 2.041 | 2.122 | 2.155 | 2.177 | 2.031 | 1.969 | 1.979 |
| 路径长度 | 1.996 | 2.270 | 2.376 | 2.840 | 1.899 | 2.211 | 2.171 | 2.304 | 1.956 |
| 网络直径 | 5 | 6 | 7 | 7 | 5 | 6 | 6 | 7 | 5 |
| 模块化 | 0.583 | 0.719 | 0.723 | 0.725 | 0.743 | 0.774 | 0.790 | 0.791 | 0.756 |
| 聚类系数 | 0.193 | 0.184 | 0.199 | 0.176 | 0.243 | 0.225 | 0.277 | 0.269 | 0.259 |
| 贸易依赖均值 | 0.137 | 0.121 | 0.104 | 0.105 | 0.123 | 0.118 | 0.117 | 0.119 | 0.097 |
| 农产品知识产权保护强度 | 1.014 | 1.563 | 2.150 | 2.563 | 2.776 | 3.032 | 3.152 | 3.284 | 3.294 |

2. 植物类农产品贸易依赖网络演化的可视化分析

为直观地考察全球植物类农产品贸易依赖网络拓扑结构的演化特征，本书分别对 1995 年和 2015 年的贸易依赖网络进行了可视化分析[①]（见图 7-1 和图 7-2）。节点表示样本国家，其阴影大小反映了样本国家的中心度，即一个国家的贸易依赖关系边越多，则节点阴影越大；贸易依赖关系紧密的国家之间相互靠近，反之则相互排斥；连接线表示存在贸易依赖关系边，边的粗细表示贸易依赖指数的大小，越粗则表示贸易依赖程度越高。

---

① 本书利用 Gephi 软件绘制出了网络结构图，并利用"Force Atlas""Fruchterman Reingold"的力引导布局算法对贸易依赖网络结构进行了刻画。该算法可有效解除地理距离的限制，使得存在贸易依赖关系的国家节点相互吸引，反之则相互排斥，同时还可有效减少网络布局中贸易依赖关系边的交叉性，最终达到整体网络布局的平衡状态（Jacomy et al.，2014）[205]。

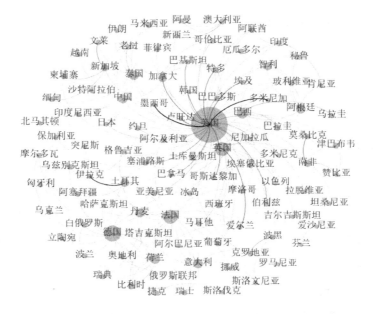

图 7-1 1995 年植物类农产品贸易依赖网络的拓扑结构

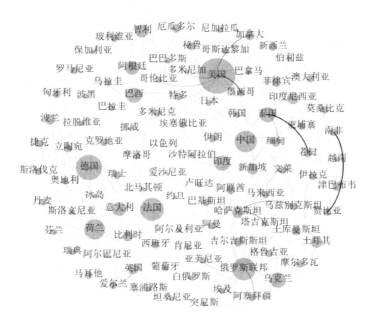

图 7-2 2015 年植物类农产品贸易依赖网络的拓扑结构

**知识产权保护与植物类农产品贸易**

由图 7-1 和图 7-2 可直观看出，植物类农产品贸易依赖网络结构呈现多中心化发展趋势，由原先的美国、德国和法国等少数节点为中心的高度聚集性，发展为多个国家为中心的多区域、分散性贸易依赖状态。从节点中心度来看，1995 年，美国、德国、英国和法国的节点大小非常突出，其中心度分别为 55、20、17 和 15，四国节点贸易依赖关系边数占据了总边数的 49.5%，凭借其较高的农业发展水平而扮演着核心"出口者"角色，共计有 76 个国家对其产生了贸易依赖关系；2015 年，四国的中心度大幅度降低为 23、16、3 和 11，此时，中国、俄罗斯、乌克兰、泰国和印度等国中心度均实现不同程度的增长，在贸易依赖网络中的影响力得到显著提升，这意味着全球农产品贸易依赖网络不再是"少核驱动"，更多的国家在贸易依赖关系中发挥着"多核驱动"的作用，进而削弱了少数发达经济的中心市场地位。中国在这20 年的农产品贸易市场影响力也得到显著提升，中心度由 6 上升至 12，缅甸、韩国、日本和泰国等国高度依赖于中国农产品出口。

值得注意的是，网络节点突出的国家大多为农产品知识产权保护制度建设早且发展成熟的发达国家，如最早建立植物专利保护制度的美国，以及UPOV 第一批创始成员国（法国、德国、意大利、荷兰等），也包括后起之秀的少部分发展中国家（俄罗斯、中国等）。由此可见，在后 TRIPs 时期更完善的农产品知识产权保护制度下，更多的国家在世界农产品贸易依赖网络中的地位得到显著提升，进而扮演着重要的"出口节点"角色。不仅如此，这还有助于弱化原先以少数节点为中心的高度聚集性（如 1995 年时期的"美国"节点的绝对优势地位，在 2015 年得到缓解），这都有利于推动世界农产品贸易依赖网络的多元化发展。此外，也有诸多发展中国家在农产品贸易依赖网络中的地位越发边缘化，且对网络核心节点存在稳固的贸易依赖关系（如以美国为中心的网络社群圈，以德国、法国、荷兰为中心的网络社群圈，以俄罗斯为中心的网络社群圈），除自身先天农业资源禀赋不足外，更多是由于植物新品种权、生物专利技术等育种研发实力赢弱，造成了其在国际农产品生产和贸易竞争体系中的劣势地位，进而加深了农产品进口贸易的外部依赖性。

## （二）TERGM 模型回归结果

本书进一步对农产品贸易依赖网络进行了 TERGM 拟合估计，实证回归结果如表7-3所示。表7-3中模型（1）与传统贸易引力模型的变量设定一致，只包含了网络节点外生属性（发送者和接收者效应）以及网络节点属性。本书在表7-3中模型（2）、模型（3）、模型（4）中逐步增加网络内生结构属性，分别为互惠性（*mutual*）、网络结构依赖性（*gwidegree*、*gwesp*）、时间依赖性（*stability*、*Variability*），通过与这些逐步回归的回归结果对比，验证 TERGM 模型构建的合理性以及实证估计结果的稳健性。从 TERGM 模型回归结果可看出，网络内生结构属性均对农产品贸易依赖网络存在显著影响。*mutual*、*gwidegree*、*gwesp* 以及 *Variability* 均显著为正，这表明互惠性、偏好依附性、传递性和变异性对农产品贸易依赖网络的形成存在积极影响。*gwidegree*、*gwesp* 的影响系数和显著性较高，这表明网络节点的多中心性以及多中介传递性在植物类农产品贸易依赖网络拓扑结构演变中发挥了重要作用，这些节点通过形成区域内的"中心吸引力"以及贸易市场信息的传递，进而形成多连通性的贸易依赖网络。

在网络节点外生属性中，核心解释变量 $ipr_{it}$ 显著为负，而 $ipr_{jt}$ 显著为正。该结果表明，在控制贸易依赖网络的内、外生结构属性特征后，出口方和进口方农业知识产权保护均对植物类农产品贸易依赖网络产生显著影响，但二者的作用效果"相悖"。出口方加强知识产权保护会有助于减缓贸易依赖网络关系的产生概率，而进口方加强知识产权保护则加深了贸易依赖网络关系的存在性。从二者系数的比较来看，$ipr_{it}$ 的系数值为 $-0.3281$，而 $ipr_{jt}$ 的系数值为 0.0818，这意味着世界知识产权保护协作体系加深整体上更有助于降低植物类农产品贸易依赖网络关系生成概率，其主要体现在农产品出口国加强知识产权保护的抑制作用上。上述经验结论从侧面反映出了当下学术界的研究争论，即知识产权保护对农产品贸易存在"双刃剑"影响效应。积极方认为，农业知识产权保护通过保护育种创新而降低贸易准入门槛和双边贸易壁垒，进而促进农产品贸易广度和深度增长（Galushko，2012；Zhou et al.，

2018)[125][127]。消极方认为，UPOV 并没有考虑到欠发达国家的农业发展特点，可能会限制生物遗传资源分享和农业技术转让，所形成的贸易"屏障"会促成农产品贸易市场中的寡头国家垄断势力，进而加深了世界植物类农产品贸易依赖关系的存在性（Campi and Marco，2016）[8]。

表 7-3　TERGM 模型回归结果

| 变量 | (1) | (2) | (3) | (4) |
|---|---|---|---|---|
| 网络内生结构属性 | | | | |
| edges | −4.3685 *** (0.4226) | −4.4035 *** (0.3791) | −4.9410 *** (0.3077) | −4.8972 *** (0.3443) |
| mutual | | 1.9079 *** (0.0870) | 0.6858 *** (0.1159) | 0.6654 *** (0.1248) |
| gwidegree | | | 0.8340 *** (0.0814) | 0.7878 *** (0.0837) |
| gwesp | | | 1.3491 *** (0.0764) | 1.3905 *** (0.0777) |
| stability | | | | 0.0542 (0.0908) |
| variability | | | | 0.0490 *** (0.0072) |
| 发送者属性（网络节点外生属性） | | | | |
| $ipr_{it}$ | −0.3204 *** (0.0243) | −0.3296 *** (0.0238) | −0.2745 *** (0.0221) | −0.3281 *** (0.0221) |
| $\ln pgdp_{it}$ | −0.0698 * (0.0298) | −0.0766 ** (0.0289) | −0.1101 ** (0.0317) | −0.1108 ** (0.0349) |
| $\ln pop_{it}$ | 0.0465 (0.0292) | 0.0530 ¤ (0.0274) | 0.0731 ** (0.0245) | 0.0381 ¤ (0.0214) |
| $\ln land_{it}$ | 0.0777 *** (0.0123) | 0.0767 *** (0.0121) | 0.0645 *** (0.0111) | 0.0828 *** (0.0109) |
| $trips_{it}$ | 0.4128 *** (0.1182) | 0.4011 *** (0.1193) | 0.3132 * (0.1290) | 0.2160 * (0.1055) |
| 接收者属性（网络节点外生属性） | | | | |
| $ipr_{jt}$ | 0.0761 *** (0.0145) | 0.0993 *** (0.0117) | 0.1339 *** (0.0135) | 0.0818 *** (0.0172) |

续表

| 变量 | （1） | （2） | （3） | （4） |
|------|------|------|------|------|
| 接收者属性（网络节点外生属性） | | | | |
| $\ln pgdp_{jt}$ | 0.0719 *** | 0.0808 *** | 0.0993 *** | 0.1127 *** |
| | （0.0139） | （0.0145） | （0.0208） | （0.0196） |
| $\ln pop_{jt}$ | −0.0596 *** | −0.0643 *** | −0.0774 *** | −0.0764 *** |
| | （0.0087） | （0.0090） | （0.0135） | （0.0111） |
| $\ln land_{jt}$ | 0.0044 | −0.0028 | −0.0082 | −0.0047 |
| | （0.0063） | （0.0060） | （0.0083） | （0.0072） |
| $trips_{jt}$ | 0.1129 *** | 0.0926 ** | 0.1314 ** | 0.1309 * |
| | （0.0293） | （0.0315） | （0.0457） | （0.0535） |
| 协网络属性（网络外部特征） | | | | |
| $\ln dist_{ij}$ | −0.0171 | −0.0208 | −0.0237 ¤ | −0.0317 * |
| | （0.0145） | （0.0146） | （0.0133） | （0.0153） |
| $colony_{ij}$ | 0.2408 *** | 0.2285 *** | 0.1132 | 0.1678 * |
| | （0.0645） | （0.0581） | （0.0733） | （0.0742） |
| $comlang_{ij}$ | 0.1921 *** | 0.1800 *** | 0.3233 *** | 0.3114 *** |
| | （0.0356） | （0.0314） | （0.0269） | （0.0255） |

注：①括号内为标准误。②\*\*\*、\*\*、\*和¤分别为双尾统计性检验中0.1%、1%、5%和10%下的显著性水平。需要说明的是，不同于传统的线性回归方法，TERGM模型采用的伪极大似然估计法（MPLE）并不遵循"独立性"假设，其回归结果中的标准误是一个最优近似值，因而存在偏小的可能（Robins et al.，2007）。为保证模型估计结果的准确性，此处将网络模型的参数显著性检验统计水平最低设置到0.1%。

在其余网络节点外生属性中，农产品贸易依赖网络存在显著的行为者关系效应。在发送者属性中，$\ln pgdp_{it}$显著为负，而$\ln pop_{it}$、$\ln land_{it}$和$trips_{it}$显著为正，这表明出口方提高经济发展水平会降低发送贸易依赖关系的可能性，但较高的市场规模和农业资源禀赋以及加入TRIPs协定会提高发送贸易网络依赖关系的概率。在接收者属性中，$\ln pgdp_{jt}$和$trips_{jt}$显著为正，而$\ln pop_{jt}$显著为负，这意味着进口方经济发展水平越高、加入TRIPs协定更易接受贸易依赖关系，但较高的市场消费规模会降低贸易依赖关系生成的倾向。在网络外部特征中，地理距离（$dist_{ij}$）的系数显著性较差，但表现出一定的负作用倾向，这表明网络节点间的相对地理距离越远，一定程度上会抑制农产品贸易依赖网络关系的生成概率；是否有共同官方语言（$comlang_{ij}$）以及殖民关系（$colony_{ij}$）在各模型中均显著为正，这意味着存在共同官方语言和殖民关系提高了农产品贸易依赖关系的发生概率。

**（三）形成方程和解除（持续）模型回归结果**

在基准模型估计的基础上，本书进一步对 TERGM 的分离模型——形成模型和解除（持续）模型进行了拟合估计，旨在解析网络内生和外生因素对农产品贸易依赖网络中新、旧网络关系的影响，估计结果如表7-4所示。从网络内生结构属性的回归结果看，$mutual$、$gwidegree$ 和 $gwesp$ 在形成模型和解除（持续）模型中均显著为正，而 $stability$、$Variability$ 只在形成模型中显著为正，表明互惠性、偏好依附性、传递性均有利于贸易依赖网络新关系的形成和旧关系的维持，而稳定性和变异性会对新关系的形成产生显著的正向影响。可见，网络关系的内生自组织过程更倾向于加深国家间农产品贸易依赖关系的建立与维持，这意味着农业国际化进程加深了国家间农产品贸易往来程度，其通过放大贸易比较优势和国际分工而形成国家间紧密合作、互相依赖的贸易局面。

表7-4 形成方程和解除（持续）模型估计结果

| 变量 | Formation Models | | | Dissolution \| Persistence Models | | |
|---|---|---|---|---|---|---|
| | (1) | (2) | (3) | (4) | (5) | (6) |
| 网络内生结构属性 | | | | | | |
| $edges$ | −3.5256 *** (0.2473) | −4.5729 *** (0.0851) | −4.4016 *** (0.1406) | −7.2700 *** (0.4527) | −7.8495 *** (0.5642) | −8.4047 *** (0.3258) |
| $mutual$ | 1.1594 *** (0.0353) | 0.2023 ** (0.0684) | 0.1281 ᴴ (0.0684) | 2.1767 *** (0.1658) | 0.6079 *** (0.0832) | 0.5208 *** (0.0758) |
| $gwidegree$ | | 0.9524 ** (0.3856) | 1.1868 * (0.5453) | | 0.89000 *** (0.1060) | 1.0219 *** (0.0447) |
| $gwesp$ | | 1.0186 *** (0.0333) | 1.0006 *** (0.0343) | | 1.8300 *** (0.2438) | 2.0806 *** (0.1910) |

| 变量 | Formation Models | | | Dissolution｜Persistence Models | | |
|---|---|---|---|---|---|---|
| | （1） | （2） | （3） | （4） | （5） | （6） |
| 网络内生结构属性 | | | | | | |
| *stability* | | | 0. 1836 *** | | | 0. 0581 |
| | | | （0. 0158） | | | （0. 0743） |
| *variability* | | | 0. 0779 *** | | | 0. 0053 |
| | | | （0. 0095） | | | （0. 0113） |
| 发送者属性（网络节点外生属性） | | | | | | |
| *ipr* | − 0. 2122 *** | − 0. 1996 *** | − 0. 2907 *** | − 0. 5302 *** | − 0. 4577 *** | − 0. 4520 *** |
| | （0. 0376） | （0. 0275） | （0. 0212） | （0. 0364） | （0. 0313） | （0. 0420） |
| ln*pgdp* | − 0. 1060 *** | − 0. 1109 *** | − 0. 1150 *** | 0. 0678 * | 0. 0316 | 0. 0425 |
| | （0. 0252） | （0. 0206） | （0. 0245） | （0. 0285） | （0. 0270） | （0. 0289） |
| ln*pop* | 0. 0874 *** | 0. 1051 *** | 0. 0599 ** | 0. 1492 *** | 0. 1547 *** | 0. 1439 *** |
| | （0. 0233） | （0. 0190） | （0. 0189） | （0. 0174） | （0. 0113） | （0. 0130） |
| ln*land* | 0. 0584 *** | 0. 0374 *** | 0. 0563 *** | 0. 1102 *** | 0. 1200 *** | 0. 1346 *** |
| | （0. 0095） | （0. 0064） | （0. 0041） | （0. 0151） | （0. 0145） | （0. 0091） |
| *trips* | 0. 3508 *** | 0. 2631 ** | 0. 1873 * | 0. 7231 *** | 0. 6539 *** | 0. 5888 *** |
| | （0. 0830） | （0. 0884） | （0. 0754） | （0. 1210） | （0. 1039） | （0. 1137） |
| 接收者属性（网络节点外生属性） | | | | | | |
| *ipr* | 0. 1299 *** | 0. 1351 *** | 0. 0486 * | 0. 0478 ** | 0. 1070 *** | 0. 1257 ** |
| | （0. 0320） | （0. 0214） | （0. 0179） | （0. 0204） | （0. 0222） | （0. 0150） |
| ln*pgdp* | 0. 0545 *** | 0. 0955 *** | 0. 1174 *** | 0. 1097 *** | 0. 0771 *** | 0. 0774 ** |
| | （0. 0161） | （0. 0218） | （0. 0209） | （0. 0192） | （0. 0205） | （0. 0253） |
| ln*pop* | − 0. 0224 * | − 0. 0329 * | − 0. 0448 *** | − 0. 1556 *** | − 0. 1798 *** | − 0. 1821 *** |
| | （0. 0107） | （0. 0155） | （0. 0143） | （0. 0113） | （0. 0074） | （0. 0073） |
| ln*land* | 0. 0022 | 0. 0018 | 0. 0145 * | 0. 0398 *** | 0. 0263 *** | 0. 0205 *** |
| | （0. 0045） | （0. 0068） | （0. 0068） | （0. 0048） | （0. 0061） | （0. 0049） |
| *trips* | 0. 1214 *** | 0. 1263 *** | 0. 1162 *** | 0. 0882 * | 0. 1339 *** | 0. 1719 *** |
| | （0. 0238） | （0. 0242） | （0. 0340） | （0. 0512） | （0. 0481） | （0. 0458） |
| 协网络属性（网络外部特征） | | | | | | |
| ln*dist* | − 0. 0693 *** | − 0. 0446 *** | − 0. 0516 *** | − 0. 0072 | 0. 0207 | 0. 0495 * |
| | （0. 0083） | （0. 0097） | （0. 0084） | （0. 0275） | （0. 0296） | （0. 0233） |
| *colony* | − 0. 0694 | − 0. 0069 | 0. 0792 ** | 0. 5121 *** | 0. 3768 *** | 0. 4286 *** |
| | （0. 0393） | （0. 0354） | （0. 0294） | （0. 0782） | （0. 0708） | （0. 0714） |

续表

| 变量 | Formation Models | | | Dissolution | Persistence Models | |
|---|---|---|---|---|---|---|
| | (1) | (2) | (3) | (4) | (5) | (6) |
| 协网络属性（网络外部特征） | | | | | | |
| *comlang* | 0.1040 *** (0.0219) | 0.1441 *** (0.0149) | 0.0639 ** (0.0228) | 0.3160 *** (0.0426) | 0.5307 *** (0.0703) | 0.6022 *** (0.0398) |

注：①括号内为标准误。②\*\*\*、\*\*、\*和¤分别为双尾统计性检验中0.1%、1%、5%和10%下的显著性水平。

在网络节点外生属性中，核心解释变量 $ipr_{it}$ 在形成模型和解除（持续）模型中均显著为负，而 $ipr_{jt}$ 则均显著为正，这表明出口方加强知识产权保护不仅会降低农产品贸易网络新依赖关系形成的可能性，还会提高旧依赖关系解除的概率；而进口方知识产权保护的影响效果则相反，其会增加贸易依赖网络新关系形成和旧关系维持的概率。由此可见，出口方和进口方知识产权保护从农产品贸易的广度和深度层面均存在"相悖"的作用力，共同影响着农产品贸易依赖网络关系的演化趋势。其他网络节点外生属性以及外部特征方面，各变量系数的影响水平和显著性均表现良好，与上文 TERGM 模型估计结果形成呼应，限于篇幅，本文不再赘述。

## （四）稳健性检验

为验证 TERGM 模型及其形成模型和解除（持续）模型的拟合估计结果的稳健性，本书采用两种方案进行了稳健性检验：第一，为避免因时间间隔调整造成的样本信息损失，对全时完整样本进行了回归估计；第二，为避免潜在的样本量不足所造成的置信区间估计不准确等问题，利用马尔科夫蒙特卡罗极大似然估计方法进行了仿真模拟估计。本书采用两种方法进行了估计，具体的模型估计结果如表7-5所示，可以看出，网络内生结构变量与知识产权保护指标的系数大小与显著性方向与表7-3、表7-4中的基本吻合，这验证了前文 TERGM 模型及其分解的形成模型和解除（持续）模型的估计结果是稳健的。

表7-5 稳健性检验结果

| 变量 | 全时样本 | | | 马尔科夫蒙特卡罗极大似然估计方法 | | |
|------|--------|--------|-----------|--------|--------|-----------|
| | TERGM | Formation | Dissolution | TERGM | Formation | Dissolution |
| 网络内生结构属性 | | | | | | |
| edges | −4.9079*** | −4.1001*** | −8.9021*** | −4.8972*** | −4.4016*** | −8.4047*** |
| | (0.2133) | (0.0816) | (0.3307) | (0.3218) | (0.1321) | (0.3431) |
| mutual | 0.6258*** | 0.0882*** | 0.5689*** | 0.6654*** | 0.1281¤ | 0.5208*** |
| | (0.0974) | (0.0249) | (0.0497) | (0.1235) | (0.0698) | (0.0756) |
| gwidegree | 0.7762*** | 1.0176*** | 1.1130*** | 0.7878*** | 1.1868* | 1.0219*** |
| | (0.0842) | (0.2869) | (0.0392) | (0.0808) | (0.5555) | (0.0428) |
| gwesp | 1.3881*** | 0.8934*** | 2.0532*** | 1.3905*** | 1.0006*** | 2.0806*** |
| | (0.0471) | (0.0136) | (0.1230) | (0.0715) | (0.0344) | (0.1894) |
| stability | 0.0797 | 0.2164*** | 0.0801 | 0.0542 | 0.1836*** | 0.0581 |
| | (0.0551) | (0.0101) | (0.0473) | (0.0913) | (0.0126) | (0.0650) |
| variability | 0.0252*** | 0.0404*** | 0.0000 | 0.0490*** | 0.0779*** | 0.0053 |
| | (0.0027) | (0.0032) | (0.0040) | (0.0074) | (0.0089) | (0.0116) |
| 知识产权保护指标（核心网络节点外生属性） | | | | | | |
| $ipr_{it}$（发送者） | −0.3269*** | −0.2919*** | −0.4591*** | −0.3281*** | −0.2908*** | −0.4520*** |
| | (0.0173) | (0.0152) | (0.0285) | (0.0224) | (0.0197) | (0.0410) |
| $ipr_{jt}$（接收者） | 0.0761*** | 0.0479*** | 1.1102*** | 0.0818*** | 0.0486*** | 0.1257*** |
| | (0.0142) | (0.0122) | (0.0131) | (0.0175) | (0.0167) | (0.0138) |
| 其余发送者属性 | 已控制 | 已控制 | 已控制 | 已控制 | 已控制 | 已控制 |
| 其余接收者属性 | 已控制 | 已控制 | 已控制 | 已控制 | 已控制 | 已控制 |
| 协网络属性 | 已控制 | 已控制 | 已控制 | 已控制 | 已控制 | 已控制 |

注：①括号内为标准误。②***、**、*和¤分别为双尾统计性检验中0.1%、1%、5%和10%下的显著性水平。

# 四、进一步研究：机理解析与实证验证

由前文研究结果可以看出，出口方加强知识产权保护降低了国家间植物类农产品贸易依赖程度，而进口方知识产权保护则会加深贸易依赖关系。该结果类似于人口迁移理论中著名的"推拉理论"（Lee，1966）[206]，即出口方与进口方知识产权保护分别形成了"推力""拉力"两股相互排斥的作用力。"推力"机制为积极因素，其可以推动国家间新、旧农产品贸易依赖关系的化解。"拉力"机制为负面因素，其可以拉动国家间农产品贸易依赖关系的建立和维持。两股作用机制共同产生"推拉"作用，共同影响着农产品贸易依赖网络格局的演化。针对该问题，本书基于现有文献、理论推演以及事实依据，解析了知识产权保护影响农产品贸易依赖网络的作用机理，并进一步通过构建经验研究框架进行了实证验证及解释说明。

**（一）机理解析**

1. 出口方知识产权保护："推力"机制

出口方知识产权保护的"推力"机制主要表现为：可以推动贸易依赖网络的"多中心节点化"发展，能通过培育一国出口贸易比较优势而提升其在农产品贸易网络中的地位，能够充分发挥各国生物遗传资源优势和生产地缘特性优势、推动育种创新成果的贸易市场转化，这有利于促进世界农产品出口贸易广度和深度的增长，使进口方拥有更多的贸易产品选择和来源国市场选择，进而化解农产品贸易网络的单边依赖性。"推力"机制主要表现在以下三个方面：

（1）质量提升效应。出口方加强知识产权保护通过协调和激励私营育种部门的研发创新活动，有利于促进农业生产效率增长以及出口产品质量升级（Campi，2017）[9]。具体而言，一方面，在基因工程等现代生物技术快速发展的背景下，知识产权保护通过降低模仿威胁、衍生品培育而保障育种企业收取创新租金，有助于育种企业回笼长周期、高投入的研发成本，进而实现育种创新激励，刺激私营部门研发投入增长，提高植物新品种培育、改良以及创新成果的市场转化效率（Naseem et al.，2010；Payumo et al.，2012）[207][103]；另一方面，知识产权保护有效降低了育种研发市场的交易成本，通过提高种质遗传资源分享、专利技术许可等技术转移形式而实现生物资源的有效利用和育种技术交叉合作，这都有助于提高农产品出口产品质量，进而促进农产品出口贸易流量增长（Galushko，2012；Lence et al.，2016）[125][80]。

（2）种类扩张效应。出口方加强知识产权保护会促进更多的农产品种类跨越出口贸易比较优势的临界门槛，进而有利于出口贸易产品种类数量扩张。TRIPs 协定推行后，知识产权覆盖的农产品保护范围不断扩大，延伸至具备特定的生产地域性优势、遗传资源优势的农产品类型，如"地理标识"农产品等，有利于保障植物品种权利益和农产品品牌声誉成长，使更多种类的农产品可以形成国际市场比较优势而实现出口贸易增长（Campi，2018）[138]。此外，出口方知识产权保护的质量提升效应通过收敛本国与世界前沿国家的农业生产率、产品质量差距，可有效促进多种类农产品出口质量升级，进而为多种类农产品"走出去"助力（Spielman and Ma，2016；张琳琛和董银果，2021）[104][208]。

（3）市场分散化效应。出口方加强知识产权保护有利于充分发挥国家区位优势，进而促进出口目的国市场分散化。一方面，出口方通过制定与国际市场接轨的保护标准，如遵循 UPOV 法案以及加入 TRIPs 协定，有利于降低贸易壁垒、贸易成本而改善出口贸易条件，进而与更多出口目的国建立农产品贸易新伙伴关系（Zhou et al.，2018）[127]；另一方面，出口方加强知识产权保护还有助于形成双边、多边的惠益联结机制，通过降低信息不对称而加强跨国企业间农产品品种研发、加工生产、外商资本、服务贸易等多个领域的项目合作，这都有利于间接扩大跨国企业的贸易目的国市场范围扩张（Brandl et al.，2019）[133]。

2. 进口方知识产权保护："拉力"机制

进口方知识产权保护的"拉力"机制主要表现为：可以固化产权优势国家在贸易依赖网络中的"强势中心节点"的市场主导地位，可以通过增强行业内产权优势国家的市场竞争势力而造成进口贸易市场不均衡局面，这会限制农产品总体贸易规模增长和世界农产品贸易集中度提高，进而加剧农产品贸易网络中的单边、少边依赖性。"拉力"机制主要表现在以下两个方面：

（1）市场势力效应。进口方加强知识产权保护会成为产权优势跨国企业保持市场垄断势力的制度保障，进而抑制农产品贸易深度增长。后TRIPs时期更强的知识产权保护协作体系极大地推动了世界种业的行业整合趋势，造成了南北国家间在全球农业育种研发、生产和贸易竞争体系中的不均衡局面（张琳琛和董银果，2021）[209]。因此，进口方知识产权保护尽管改善了贸易条件，但更有可能加深行业内产权领先的欧美等发达经济体跨国巨头的产权垄断势力，进而提高其粮食定价能力和市场排他性（Fuglie and Toole，2014）[119]。凭借着资本优势、技术优势及规则优势，跨国巨头一方面会通过价格诱导机制排斥、并购发展中国家农产品生产加工企业；另一方面会通过减少贸易流量、抬高价格来保证贸易利润最大化，这都会加深跨国巨头对发展中国家农产品贸易市场的操控性（杨静等，2017）[140]。此外，跨国巨头还会通过生物遗传资源垄断、关键种业技术锁定、高昂的专利使用费等技术壁垒限制手段阻碍和扭曲发展中国家粮食生产和贸易系统，这进一步增强了少数跨国巨头的市场势力，进而加深了发展中国家的进口贸易依赖程度。

（2）质量筛选效应。进口方知识产权保护会提升行业内农产品进口贸易的产品准入质量门槛，通过筛选进口农产品质量而阻碍贸易广度增长。进口方知识产权保护会通过保护产权私有化利益而加深贸易市场的专业化程度，使拥有育种创新优势跨国企业的"价低质优"的农产品更易占据市场主导地位，进而形成质量筛选效应，抬高贸易市场产品准入的生产率、质量门槛临界值（Sylvie，2017；黄先海和卿陶，2020）[117][139]。质量筛选效应造成的需求冲击会降低产权劣势一方的贸易市场竞争力，迫使低于门槛临界值的跨国企业出口产品贸易流量降低，甚至退出贸易市场，这进一步提升了农产品进口贸易的行业集中度，使产权劣势的发展中国家迫于质量提升压力而不得不将贸易市场拱手让步于跨国巨头（Pray and Fuglie，2015）[120]。虽然模仿威胁、替代威胁在某种程度上会削弱发达经济体的产品质量优势，但转基因技术、原始种质培育等现代生物技术应用并不是大多数跨国企业都可以具备的条件（Moser et al.，2015）[111]。值得注意的是，市场势力效应和质量筛选效应不仅体现在"南北均衡"中，还体现在行业内具备产权优势的发展中国家跨国企业中，这都会加深农产品贸易的市场集中度和贸易依赖性。

## （二）模型构建与指标测度

### 1. 模型构建

为验证上述机理分析结果，本书进一步构建实证模型进行了经验研究。在模型的选择上，考虑到传统贸易引力模型中存在多边贸易阻力、遗漏变量以及样本选择偏误引致的内生性问题等（Westerlund and Wilhelmsson，2011）[210]，本书采用 Helpman 等（2008）[142] 提出的 Heckman 两阶段估计模型，对传统贸易引力模型的建模结构进行了拓展，进而有效保证模型估计的稳健性。Heckman 两步法的第一阶段为贸易决策方程，可以评估两国之间是否选择建立贸易市场新联系的影响因素，方程表达式为：

$$\text{Prob}(T_{ijt}=1)=\Phi\left[\delta_1 ipr_{it}+\delta_2 ipr_{jt}+\delta_3 free_{it}+\delta_4 free_{jt}+\gamma_x Control_{ijt}+\eta_i+\eta_j+\eta_t+\mu_{1ijt}\right]$$

$$(7-8)$$

其中，$i$、$j$ 和 $t$ 分别代表出口国、进口国和时间年份；$T_{ijt}$ 为贸易决策指示函数，若 $i$ 国与 $j$ 国之间存在贸易联系，则 $T_{ijt}=1$，若两国间贸易值为 0，则 $T_{ijt}=0$；$\Phi$ 为标准正态分布的累积密度函数；$\delta$ 和 $\gamma$ 为变量系数；$\eta_i$、$\eta_j$ 和 $\eta_t$ 分别为进口国、出口国和时间层面的固定效应；$\mu_{1ijt}$ 为误差项；$ipr_{it}$ 和 $ipr_{jt}$ 分别为 $i$ 国和 $j$ 国在 $t$ 年时的农业知识产权保护强度；$Control_{i-j-t}$ 为控制变量，主要包含出口国、进口国属性以及两国间的外部特征；$free_{it}$ 和 $free_{jt}$ 分别为 $i$ 国和 $j$ 国在 $t$ 年时的自由贸易指数。在 Heckman 两阶段估计中，决策方程需要比结果方程多至少一个排除变量，进而有效控制双边市场贸易联系发生的可能性。在参考以往研究（Zhou et al.，2018）[127] 的基础上，本书选用世界经济自由数据库评估测算的自由贸易指数（free），该指标涵盖了关税、汇率、贸易监管、资本等多项贸易壁垒性指标，可有效控制贸易发生可能性的进入门槛。

Heckman 两步法的第二阶段为贸易结果方程，可以在第一阶段修正贸易自选择效应的基础上，进一步评估两国之间农产品贸易规模变化的影响效应，方程表达式为：

$$trade_{ijt}=\alpha_0+\alpha_1 ipr_{it}+\alpha_2 ipr_{jt}+\beta_x Control_{ijt}+\rho M_{ijt}+\eta_i+\eta_j+\eta_t+\mu_{2ijt} \qquad (7-9)$$

其中，$trade_{ijt}$ 为两国间的农产品贸易结果变量，本书则重点考察了农产品贸易总规模增长、产品种类反应、产品数量反应、产品质量反应以及贸易份额变化等；$\alpha$、$\beta$ 和 $\rho$ 分别为变量系数；$M_{ijt}$ 为逆米尔斯比率，是由 Heckman 第一阶段估计得出的贸易市场选择效应修正变量，可根据其显著性来判断模型中是否存在样本选择性问题；$\mu_{2ijt}$ 为误差项。

在上述 Heckman 两步法基准模型构建的基础上，本书进一步剔除了贸易零值变量，采用传统引力模型中多重固定效应下的最小二乘法（FE-OLS）进行了辅助检验，进而保证模型估计结果的稳健性。

2. 主要变量的指标测度

（1）产品种类反应和产品数量反应。本书沿用施炳展（2010）[211] 的测算方法，将农产品贸易总量进行了二元边际分解，分别为扩展边际（产品种类反应）和集约边际（产品数量反应），计算公式为：

$$EM_{ij} = \sum_{k \in K_{ij}} v_{rjk} \bigg/ \sum_{k \in K} v_{rjk}, \quad IM_{ij} = \sum_{k \in K_{ij}} v_{ijk} \bigg/ \sum_{k \in K_{ij}} v_{rjk} \tag{7-10}$$

$EM_{ij}$ 为 $i$ 国与 $j$ 国间农产品贸易的扩展边际，$IM_{ij}$ 则为集约边际；$r$ 为参考对象国，本书选用世界国家总体集合作为参考；$k$ 为 HS 六分位编码下的贸易产品，$K$ 为贸易产品种类集合。$EM_{ij}$ 衡量了出口国 $i$ 与参考对象国 $r$ 在 $j$ 国市场中贸易产品种类的重叠程度，这一指标越高则意味着 $i$ 国在更多的产品种类上实现了出口。$IM_{ij}$ 衡量了在重合产品种类集合 $K_{ij}$ 中，$i$ 出口的贸易规模增长的专业化程度，这一指标越高则意味着 $i$ 国在相同产品种类中实现了更多的贸易数量增长。

（2）出口产品质量测度。本书沿用董银果和黄俊闻（2016）[212]、陈保启和毛日昇（2018）[171] 的测度方法，以消费者效用理论为基础构建了需求结构模型，通过控制农产品出口价格以及其他影响市场份额的水平差异因素，利用嵌套 Logit 和工具变量法反推农产品出口质量水平。质量测度的经验模型设定为：

$$\ln S_{iht} = \vartheta_1 P_{iht} + \vartheta_2 \ln S_{iht}^g + \vartheta_3 \ln gdp_{it} + \vartheta_4 er_{it} + \lambda_i + \lambda_t + \xi_{iht} \tag{7-11}$$

$S_{iht}$ 为 $i$ 国出口农产品 $h$ 的加权贸易市场份额，可设定为：$S_{iht} = \sum_M w_{ijht} \times$

（$ex_{ijht}/Tex_{jht}$）。其中，$M$ 为进口国市场总体集合；$w_{ijht}$ 为贸易权重，即 $i$ 国向 $j$ 国出口农产品 $h$ 占对世界出口 $h$ 的比重；$ex_{ijht}$ 为 $i$ 国对 $j$ 国出口农产品 $h$ 的贸易额；$Tex_{jht}$ 为世界对 $j$ 国出口农产品 $h$ 的贸易额。

$P_{iht}$ 为 $i$ 国出口产品 $h$ 的加权市场价格，可设定为：$P_{iht} = \sum_M w_{ijht} \times p_{ijht}$。其中，$M$ 与 $w_{ijht}$ 同上，$p_{ijht}$ 为 $i$ 国对 $j$ 国出口农产品 $h$ 的价格。鉴于出口产品价格和贸易份额间会存在内生性关系，即"华盛顿苹果"效应（Hummels and Skiba，2004）[172]，因而本书采用贸易成本作为价格因素的工具变量。由于贸易成本数据无法直接获取，本书在 CEPII–BACI 提供的 CIF 出口价格的基础上对贸易成本进行了反推测度，具体测度方法本书参考了 Gaulier 和 Zignago（2010）[173] 的做法，在此不再赘述。

$S_{iht}^g$ 为 $i$ 国出口农产品 $h$ 的加权组内嵌套贸易市场份额。本书将 HS92 六分位编码下的 402 类农产品归并到国际贸易标准分类（SITC–Rev.3 四位编码）中，共计分成了 157 组，进而计算出了贸易市场份额，具体测算方式与 $S_{iht}$ 类似。鉴于组内嵌套份额与常规贸易份额间会存在较强的内生性关系，因而本书采用嵌套组内的产品种类作为工具变量进行了经验识别（Khandelwal，2010）[170]。$gdp_{it}$ 为 $i$ 国的市场发展规模，本书采用国内生产总值进行衡量；$er_{it}$ 为 $i$ 国货币对美元的名义汇率波动。$gdp_{it}$ 和 $er_{it}$ 可有效控制出口国经济发展的宏观调整政策对贸易市场份额的影响（王明益，2014）[174]。

本书基于 HS 六位编码对上述经验模型进行了 2SLS 分行业回归估计，共计进行了 402 次回归，进而测算出 $i$ 国在 HS 六位编码下产品 $h$ 的出口质量水平 $\xi_{iht}$。考虑到不同行业之间会出现 $\xi_{iht}$ 差异较大的问题，本书对 $\xi_{ijt}$ 进行了标准化处理，即 $standard$-$\xi_{iht} = \xi_{iht} - \min(\xi_{iht})/\max(\xi_{iht}) - \min(\xi_{iht})$。在此基础上，本书利用 $i$ 国与 $j$ 国间的 HS 六位编码下的行业贸易权重，进一步加总得到了 $i$ 国出口 $j$ 国的农产品出口质量水平。

**（三）实证估计结果**

1. 基准回归估计

本书列出了出口方与进口方知识产权保护对农产品贸易总体规模、产品质量动态作用效果的检验结果，具体如表7-6、表7-7所示。在Heckman两阶段估计中，各模型回归中的 $M_{ijt}$ 系数均在1%的统计水平上显著，表明农产品双边贸易市场联系存在显著的自选择性特征，这验证了本书采用Heckman两阶段估计模型的合理性。在表7-6中模型（1）的Heckman第一阶段估计中， $free_{it}$ 和 $free_{jt}$ 均显著为正，表明贸易双方较高的自由贸易指数有利于二者之间建立贸易市场新联系，这意味着本书选用自由贸易指数作为排除变量是有效的。$ipr_{it}$ 和 $ipr_{jt}$ 均在1%的统计水平上显著为正，表明出口方和进口方加强知识产权保护有利于二者建立贸易市场新联系，该结果验证了知识产权保护促进了贸易市场联系的分散化发展。

表7-6　双向知识产权保护对农产品贸易规模动态的影响效果

| | 市场联系 | 贸易总体规模 | | 产品种类反应 | | 产品数量反应 | |
|---|---|---|---|---|---|---|---|
| | （1） | （2） | （3） | （4） | （5） | （6） | （7） |
| | Heckman1 | Heckman2 | OLS | Heckman2 | OLS | Heckman2 | OLS |
| $ipr_{it}$ | 0.0367***(0.0054) | 0.0433***(0.0075) | 0.0192***(0.0072) | 0.0066***(0.0031) | 0.0014***(0.0011) | 0.0013***(0.0003) | 0.0008**(0.0003) |
| $ipr_{jt}$ | 0.0379***(0.0054) | -0.0206***(0.0073) | -0.0374***(0.0071) | 0.0040***(0.0010) | 0.0000(0.0006) | -0.0016***(0.0003) | -0.0020***(0.0003) |
| $free_{it}$ | 0.0122**(0.0058) | | | | | | |
| $free_{jt}$ | 0.0191***(0.0058) | | | | | | |
| $M$ | | 1.1967***(0.0287) | | 0.2722***(0.0038) | | 0.0236***(0.0013) | |
| 常数项 | -13.3702***(0.6072) | -10.8934***(0.8431) | 3.1225***(0.9799) | -0.1642(0.1185) | 2.5037***(0.0790) | 0.4516***(0.0393) | 0.6909***(0.0465) |
| 出口方属性 | 已控制 | 已控制 | 已控制 | 已控制 | 已控制 | 已控制 | 已控制 |
| 进口方属性 | 已控制 | 已控制 | 已控制 | 已控制 | 已控制 | 已控制 | 已控制 |
| 外部特征属性 | 已控制 | 已控制 | 已控制 | 已控制 | 已控制 | 已控制 | 已控制 |
| 出口方固定效应 | 已控制 | 已控制 | 已控制 | 已控制 | 已控制 | 已控制 | 已控制 |

续表

| 变量 | 市场联系 | 贸易总体规模 | | 产品种类反应 | | 产品数量反应 | |
|---|---|---|---|---|---|---|---|
| | （1） | （2） | （3） | （4） | （5） | （6） | （7） |
| | Heckman1 | Heckman2 | OLS | Heckman2 | OLS | Heckman2 | OLS |
| 进口方固定效应 | 已控制 | 已控制 | 已控制 | 已控制 | 已控制 | 已控制 | 已控制 |
| 时间固定效应 | 已控制 | 已控制 | 已控制 | 已控制 | 已控制 | 已控制 | 已控制 |
| 样本量 | | 255025 | 181152 | 25025 | 181152 | 25025 | 181152 |
| $P$ | 0.0000 | 0.0000 | 0.0000 | 0.0000 | 0.0000 | 0.0000 | 0.0000 |

注：①***、**和*分别为1%、5%和10%的统计水平上显著。②括号内数值为标准误。

表7-7　双向知识产权保护对农产品贸易质量动态的影响效果

| 变量 | 产品质量反应 | | 产品质量准入门槛 | | 低质量产品退出 | |
|---|---|---|---|---|---|---|
| | （1） | （2） | （3） | （4） | （5） | （6） |
| | Heckman2 | OLS | Heckman2 | OLS | Heckman2 | OLS |
| $ipr_{it}$ | 0.0008 * | 0.0010 ** | 0.0001 | 0.0001 | 0.0030 | 0.0045 |
| | （0.0004） | （0.0004） | （0.0001） | （0.0001） | （0.0030） | （0.0030） |
| $ipr_{jt}$ | 0.0008 * | 0.0009 ** | 0.0013 *** | 0.0012 *** | 0.0054 * | 0.0049 * |
| | （0.0004） | （0.0004） | （0.0001） | （0.0001） | （0.0029） | （0.0029） |
| $M$ | −0.0045 ** | | −0.0019 *** | | 0.0578 *** | |
| | （0.6072） | | （0.0004） | | （0.0119） | |
| 常数项 | 0.8663 *** | 1.0518 *** | −0.1177 *** | −0.1767 *** | −5.3989 *** | −2.4907 *** |
| | （0.0504） | （1.0518） | （0.0124） | （0.0148） | （0.3387） | （0.4030） |
| 出口方属性 | 已控制 | 已控制 | 已控制 | 已控制 | 已控制 | 已控制 |
| 进口国属性 | 已控制 | 已控制 | 已控制 | 已控制 | 已控制 | 已控制 |
| 外部特征属性 | 已控制 | 已控制 | 已控制 | 已控制 | 已控制 | 已控制 |
| 出口方固定效应 | 已控制 | 已控制 | 已控制 | 已控制 | 已控制 | 已控制 |
| 进口方固定效应 | 已控制 | 已控制 | 已控制 | 已控制 | 已控制 | 已控制 |
| 时间固定效应 | 已控制 | 已控制 | 已控制 | 已控制 | 已控制 | 已控制 |
| 样本量 | 255025 | 181152 | 255025 | 181152 | 255025 | 181152 |
| $P$ | 0.0000 | 0.0000 | 0.0000 | 0.0000 | 0.0000 | 0.0000 |

注：①***、**和*分别为1%、5%和10%的统计水平上显著。②括号内数值为标准误。

从表 7-6 中的模型（2）~模型（3）来看，$ipr_{it}$ 的系数均显著为正，$ipr_{jt}$ 的系数则显著为负，表明出口方加强知识产权保护有利于促进农产品整体贸易规模增长，而进口方加强知识产权保护则起到了显著的抑制性作用。从表 7-6 中的模型（4）~模型（7）对贸易边际的考察来看，出口方加强知识产权保护会促进贸易产品种类、数量增长，而进口方加强知识产权保护对贸易产品种类增长存在一定的积极作用（OLS 回归中显著性较差），但会显著抑制贸易深度流量的增长。从表 7-7 中的模型（1）~模型（2）对贸易产品质量的检验结果来看，出口方、进口方加强知识产权保护均有利于提升农产品贸易质量。但二者作用效应形式不同的是，出口方加强知识产权保护为"主动"提升机制，通过协调和激励国内私营育种部门的研发创新活动而提升出口产品质量，而进口方加强知识产权保护则是"被动"提升机制，重点在于提升市场准入标准而倒逼出口方农产品质量升级。从表 7-7 中的模型（3）~模型（6）对产品质量准入门槛①、低质量产品退出②的检验结果可直接看出，进口方加强知识产权保护对产品质量准入门槛存在显著的提升作用，并且会加速低质量产品退出贸易市场，而出口方加强知识产权保护并无显著影响。

上述检验结果验证了出口方、进口方知识产权保护对农产品贸易存在显著的"推力""拉力"作用机制。出口方加强知识产权保护的"推力"机制主要表现为质量提升效应、种类扩张效应和市场分散化效应，有助于促进农产品总体贸易规模以及产品种类广度、数量深度的增长；而进口方加强知识产权保护虽然在一定程度上有助于建立双边市场联系促进产品种类增长，但所产生的"拉力"机制会显著抑制贸易总体规模和贸易边际增长。一方面，其所形成的市场势力效应会降低农产品贸易深度流量的增长；另一方面，质量筛选效应会通过提升市场准入标准加速低质量农产品退出贸易市场。

2. 贸易集中度检验

贸易集中度的大小是衡量贸易依赖性强弱的重要指标，根据前文研究内

---

① 本书借鉴 Feenstra 和 Romalis（2014）[168] 的做法，通过计算贸易权重得到进口方的平均进口质量，将其作为该国的农产品质量准入门槛。

② 本书借鉴 Cadot 等（2011）[213] 的做法，将低质量产品退出定义为在样本期内两国间至少前一年实现出口而后一年未出口的农产品种类数。

容可知，贸易依赖性与出口贸易集中度成正比，与进口贸易集中度成反比。鉴于此，本书分别检验了双向知识产权保护对贸易集中度的影响，并进一步验证了"推力""拉力"机制的作用效果，具体结果如表7-8所示。由表7-8可以看出，$ipr_{it}$的系数在1%的统计水平下显著为负，表明出口方加强知识产权保护有利于降低出口贸易集中度，这进一步验证了出口方知识产权保护的"推力"机制的作用效果，有利于促进农产品出口贸易的多元分散化。$ipr_{jt}$的系数在5%的统计水平下显著为正，表明进口方加强知识产权保护提升了进口贸易集中度，这验证了进口方知识产权保护会通过"拉力"机制而收紧农产品进口贸易市场，进而加深农产品贸易依赖性。

表7-8　双向知识产权保护对贸易集中度的影响效果

| 变量 | 出口贸易集中度 | 进口贸易集中度 |
|---|---|---|
| | （1） | （2） |
| | OLS | OLS |
| $ipr_{it}$ | −0.0117*** (0.0026) | |
| $ipr_{jt}$ | | 0.0043** (0.0019) |
| 常数项 | 0.4678** (0.2376) | 0.4171** (0.1749) |
| 出口方属性 | 已控制 | |
| 进口国属性 | | 已控制 |
| 出口方固定效应 | 已控制 | |
| 进口方固定效应 | | 已控制 |
| 时间固定效应 | 已控制 | 已控制 |
| 样本量 | 2521 | 2521 |
| $P$ | 0.0000 | 0.0000 |

注：①***、**和*分别为1%、5%和10%的统计水平上显著。②括号内数值为标准误。

3. 贸易市场份额检验

南北国家之间在知识产权保护制度建设水平以及全球种业育种研发、生产和贸易体系中的实力分化悬殊，使发展中国家在种业知识产权博弈以及国际农产品贸易市场竞争中常处于劣势地位，这种南北竞争不均衡局面会反映到国际农产品贸易市场份额中，进而造成知识产权保护的国家异质性影响特征。因此，有必要围绕双向知识产权保护对南北国家的贸易市场份额的影响展开检验。此外，考虑到知识产权保护制度建设水平亦是造成南北不均衡的重要因素，本书进一步引入了知识产权保护制度距离指标 $d\text{-}ipr_{ijt}$[①]，检验了其对贸易市场份额的影响，具体的国家异质性检验结果如表 7-9 所示。

表 7-9　国家异质性检验结果

| 变量 | 市场贸易份额 | | | |
|---|---|---|---|---|
| | 出口方为发达国家 | | 出口方为发展中国家 | |
| | （1） | （2） | （3） | （4） |
| | Heckman2 | Heckman2 | Heckman2 | Heckman2 |
| $ipr_{it}$ | 0.0149***<br>(0.0042) | | -0.0033<br>(0.0022) | |
| $ipr_{jt}$ | 0.0029<br>(0.0034) | | -0.0043*<br>(0.0023) | |
| $d\text{-}ipr_{ijt}$ | | 0.0172***<br>(0.0023) | | -0.0097***<br>(0.0012) |
| $M$ | 0.5453***<br>(0.0147) | 0.5633***<br>(0.0153) | 0.1191***<br>(0.0084) | 0.1186***<br>(0.0084) |
| 常数项 | 13.6351***<br>(0.8636) | 13.4934***<br>(0.8900) | -0.1123<br>(0.2632) | -0.2097<br>(0.2630) |
| 出口方属性 | 已控制 | 已控制 | 已控制 | 已控制 |
| 进口国属性 | 已控制 | 已控制 | 已控制 | 已控制 |
| 外部特征属性 | 已控制 | 已控制 | 已控制 | 已控制 |
| 出口方固定效应 | 已控制 | 已控制 | 已控制 | 已控制 |
| 进口方固定效应 | 已控制 | 已控制 | 已控制 | 已控制 |
| 时间固定效应 | 已控制 | 已控制 | 已控制 | 已控制 |

---

　　① 制度距离 $d\text{-}ipr_{ijt}$ 为 $t$ 时期 $i$ 国与 $j$ 国的知识产权保护制度距离，具体测算方案可参考黄新飞等（2013）[144]。

续表

| 变量 | 市场贸易份额 | | | |
| --- | --- | --- | --- | --- |
| | 出口方为发达国家 | | 出口方为发展中国家 | |
| | （1） | （2） | （3） | （4） |
| | Heckman2 | Heckman2 | Heckman2 | Heckman2 |
| 样本量 | 83325 | 83325 | 171700 | 171700 |
| $P$ | 0.0000 | 0.0000 | 0.0000 | 0.0000 |

注：①\*\*\*、\*\*和\*分别为1%、5%和10%的统计水平上显著。②括号内数值为标准误。

当出口方为发达国家时，国内知识产权保护有利于扩大其在国际农产品贸易市场中的份额，而国外知识产权保护并无显著影响。其主要原因在于，发达国家农业知识产权战略布局和创新累积程度较高，其加强知识产权保护更有利于充分发挥其育种创新优势，促进贸易市场份额增长；而国外加强知识产权保护会刺激产生市场势力效应，此时发达国家会通过降低贸易流量而提高利润收益，因而并没有进一步扩大其贸易市场份额，这可以解释为何表7-9模型（1）中 $ipr_{it}$ 表现出非显著性特征。表7-9模型（2）中 $d-ipr_{ijt}$ 的系数显著为正，这表明当发达国家与贸易目标国的知识产权保护制度差距越大时，越有利于扩大其在国际农产品贸易市场中的份额。

当出口方为发展中国家时，国内加强知识产权保护并没有显著促进其国际农产品贸易市场份额增长，而国外知识产权保护会产生显著的抑制作用。其主要原因在于，国内知识产权保护虽然会"保护创新"，但也会因生物遗传资源垄断和技术壁垒限制而"伤害创新"，所造成的垄断负外部性会削弱其贸易竞争实力。尤其在南北国家间种质遗传资源、植物品种权以及专利技术等实力极不均衡的条件下，发展中国家国内知识产权保护可能会成为拥有专利技术优势的跨国巨头形成关键专利技术锁定以及优质种质遗传资源垄断的助推器，这会成为其贸易比较优势培育的"卡脖子"之处，这可以解释为何表7-9模型（3）中 $ipr_{it}$ 表现出非显著性特征。国外知识产权保护会通过产生市场势力效应和质量筛选效应而削弱发展中国家的产品比较优势，其更有利于产权优势的发达国家跨国贸易企业的市场挤入，而挤出发展中国家的贸易市场份额。表7-9模型（4）中 $d\text{-}ipr_{ijt}$ 的系数显著为负，这表明当发展中国家与贸易目标国的知识产权保护制度距离越大时，所造成的制度建设劣势越不利于其贸易市场份额增长。

# 五、本章小结

本书采用1995~2019年101个国家的农产品贸易数据，基于社会网络分析法构建了农产品贸易依赖网络，全面阐述了农产品贸易依赖网络拓扑结构的演化趋势，并采用时态指数随机模型（TERGM）及其分解的形成模型和解除（持续）模型（STERGM），系统地评估了知识产权保护对农产品贸易依赖网络演化的影响。本章的主要结论如下：①农产品贸易依赖网络结构呈现出"多中心化"发展趋势，由原先的美国、德国和法国等少数节点为中心的高度聚集状态，发展为多个国家为中心的多区域、分散性贸易依赖状态，因而国家间整体平均贸易依赖程度下降。②出口方和进口方知识产权保护对农产品贸易依赖网络的作用效果"相悖"。出口方加强知识产权保护不仅会阻碍农产品贸易依赖网络新关系的形成，还会提高旧依赖关系的解除概率，整体来说降低了国家间农产品贸易依赖程度；而进口方知识产权保护的影响效果则相反，其更有利于贸易依赖网络新关系的形成和旧关系的维持，进而加深国家间贸易依赖程度。

在上述研究基础上，为进一步阐释出口方与进口方知识产权保护的作用机制，本书通过构建理论分析和经验研究框架进行了解释说明。本书中的机理分析结果表明：出口方与进口方知识产权保护分别形成了"推力""拉力"两股相斥的作用力，所形成的推拉效应共同影响着农产品贸易依赖网络格局的演化。"推力"机制主要表现为出口方知识产权保护的质量提升效应、种类扩张效应和市场分散化效应，有助于促进农产品出口质量、产品种类、出口市场、贸易规模等多维度增长，进而降低国际农产品贸易集中度。"拉力"

机制主要表现为进口方知识产权保护的市场势力效应和质量筛选效应，会降低农产品贸易深度流量并加速低质量产品退出贸易市场，进而提高国际农产品贸易集中度。本书通过国家异质性检验发现，发达国家从加强知识产权保护的贸易影响效应中更受益。发达国家国内知识产权保护的提高有助于扩大农产品出口贸易市场份额，当其与国外进口方知识产权保护制度距离越大时，越有利于其贸易市场份额增长；而发展中国家国内知识产权保护水平的提高对其国际贸易市场份额并无显著影响，但其与国外进口方知识产权保护制度距离越大时，会显著抑制其贸易市场份额增长。

# 第八章　结论与政策建议

## 一、研究结论

随着 UPOV 和 TRIPs 协定的推行，世界农业知识产权保护协作体系不断得到完善，这在一定程度上引导着全球农产品生产和贸易格局结构的调整。本书在系统阐述和评估农业领域内知识产权保护制度演进历程的基础上，深入剖析了农业知识产权保护影响植物类农产品贸易的机制和渠道，并通过构建指标量化体系和经验研究框架，解析了知识产权保护对植物类农产品贸易规模、贸易边际、产品质量和贸易依赖网络演化等多个维度的贸易影响效应。本书的主要研究结论如下：

第一，关于知识产权保护与植物类农产品贸易的跨国样本经验证据研究。这一部分的主要研究结论包括：①出口方加强知识产权保护有利于促进植物类农产品出口贸易增长，主要体现为遵从 UPOV 法案、免除农民特权、扩大植物品种保护周期以及专利保护范围的创新激励作用。进口方知识产权保护会因加强市场势力效应的主导地位而负向作用于植物类农产品进口贸易，主要体现为遵从 UPOV 法案、免除育种者特权和扩大专利保护范围对贸易集约边际的抑制作用。值得注意的是，贸易双方知识产权保护均有利于农产品双边贸易新联系的建立。②本书通过异质性检验发现，发达国家从农业知识产权保护建设中受益更多，促进了其大多数植物类农产品行业的出口贸易增长，而发展中国家加强农业知识产权保护会抑制除水果类以外的多数行业的出口贸易，不仅如此，还会紧缩农产品进口贸易。进口方加强知识产权保护更有利于发达国家的贸易市场挤入，而挤出发展中国家的贸易市场份额，这会造成南北国家间的植物类农产品贸易失衡。

第二，关于知识产权保护与植物类农产品贸易的中国样本经验证据研究。这一部分的主要研究结论包括：①进口国知识产权保护对中国农产品出口贸易同时产生"跳板""屏障"效应，前者正向作用于贸易广度，后者抑制了贸易深度增长。②进口国遵守 UPOV 法案、实行"免除农民特权"以及扩大专利保护范围，会有利于发挥知识产权保护的"跳板"作用，提高中国植物类农产品出口贸易广度，同时，扩大专利保护范围还有助于促进贸易深度增长；而"免除农民特权"和扩大植物品种保护周期会产生显著的"屏障"作用，对贸易深度增长产生抑制作用。此外，中国与进口国知识产权保护制度的差距越大，进口国知识产权保护更易产生显著的贸易"屏障"效应，会削弱中国植物类农产品的出口比较优势，进而降低其贸易市场份额。③本书通过异质性检验发现，发展中国家知识产权保护产生的贸易"跳板""屏障"效应均显著存在，而发达国家知识产权保护对贸易深度的"屏障"作用更为显著且负向作用更大。中国加入 WTO 后，进口国知识产权保护扩张对贸易广度的促进作用增强，但同时也对贸易深度产生较大的抑制性影响。较弱的知识产权保护对中国植物类农产品出口贸易广度和深度均存在积极影响，但更强的知识产权保护则会产生显著的"屏障"作用。④本书通过分行业回归检验发现，不同类别植物性农产品贸易对知识产权保护的敏感程度存在差异，发达国家和发展中国家知识产权保护均促进了中国部分蔬菜产品、植物提取物以及烟草类产品的贸易深度增长。在发达国家中，对知识产权保护影响敏感的植物产品种类相对较少，而发展中国家知识产权保护在更多的植物产品种类中产生显著的"屏障"效应。

第三，关于知识产权保护与植物类农产品出口质量关系的研究。这一部分的主要研究结论包括：①知识产权保护与农产品出口质量间存在倒"U"形的非线性关系。国家遵从 UPOV 法案、免除育种者特权、扩大植物品种保护周期和专利保护范围均会对农产品出口质量升级产生显著的积极影响，而免除农民特权对农产品出口质量升级表现出负向作用。②本书通过国家异质性检验发现，知识产权保护与农产品出口质量的倒"U"形关系在发展中国家样本中更为明显。③本书通过行业异质性检验发现，在园艺类和加工类农产品样本中，更严格的知识产权保护强度会对农产品出口质量升级产生显著的抑制作用，而在大宗类农产品样本中并无显著影响。

第四，关于知识产权保护与植物类农产品贸易依赖网络演化关系的研究。这一部分的主要研究结论包括：出口方加强知识产权保护不仅会阻碍农产品贸易依赖网络中新依赖关系的形成，还会提高旧依赖关系的解除概率，整体来说降低了国家间农产品贸易依赖程度；而进口方知识产权保护的影响效果则相反，其更有利于贸易依赖网络新关系的形成和旧关系的维持，进而加深国家间贸易依赖程度。

除上述研究结论外，本书通过进一步机理解析发现，出口方与进口方知识产权保护分别形成了"推力""拉力"两股相斥的作用力。"推力"机制主要表现为出口方知识产权保护的质量提升效应、种类扩张效应和市场分散化效应，有助于促进农产品出口质量、产品种类、出口市场、贸易规模等多维度增长，进而降低国际农产品贸易集中度。"拉力"机制主要表现为进口方知识产权保护的市场势力效应和质量筛选效应，会降低农产品贸易深度流量并加速低质量产品退出贸易市场，进而提高国际农产品贸易集中度。此外，本书通过国家异质性检验发现，发达国家从加强知识产权保护的贸易影响效应中更受益，其知识产权保护制度建设优势有助于扩大其在国际农产品贸易市场中的份额。

# 二、政策建议

中国作为最大的发展中国家，其知识产权保护不仅是与发达国家交往的"通行语言"，也是中国建设创新型国家在制度建设上无法绕过的环节。目前，国际知识产权保护制度建设正在经历转型阶段，深入了解农业知识产权保护制度建设轨迹和贸易影响效应，有助于我国发现现行知识产权保护法律法规之不足，健全和完善相关保护制度建设，以更好地应对后 TRIPs 时期"北强南弱"的国际农产品贸易竞争格局，这对正处于世界新一轮科技革命和产业变革关键时期的中国农业发展具有实践指导意义。本书研究的政策启示如下：

## （一）深化育种创新领域内知识产权保护制度变革

本书研究结论指出，国内农业知识产权保护制度建设有利于培育贸易比较优势，而中国与发达国家间知识产权保护制度建设差距已成为阻碍中国农产品出口贸易的重要诱因。对此，中国需要积极将知识产权保护落实到法律制度层面，合理规划专利保护与植物新品种保护制度体系的协同建设，明确向"1991"保护法案靠拢的循序渐进趋势。另外，本书结论也提到，农业知识产权保护对农产品贸易的影响在不同的行业类型中存在差异，而且不同类型的知识产权保护制度细则也会产生差异性影响。对此，中国农业知识产权保护制度建设要遵循种业市场发展规律，针对不同行业类型的育种研发主体，要准确定义农业知识产权保护系统授权标准、授权范围以及授权程度，切不可盲目照搬国外制度。对于园艺类和加工类农产品而言，中国要适当限制衍生品培育并延长植物品种保护周期，增强育种企业研发投入和产品市场转化的信心。对于关乎粮食安全和农民切身利益的大宗类农产品，中国要适当放宽农业技术的限制壁垒，重在促进技术转移和植物遗传资源的有效利用。此外，中国还要加快推进地理标识以及农产品区域品牌建设，通过与发达进口国相互承认的方式推进中国特色农产品出口贸易，以获得较高的贸易收益。

### （二）加快农业知识产权国际化发展战略布局调整

本书研究结论指出，随着全球农业知识产权保护协作体系的加深，中国植物类农产品出口贸易面临的"机遇"与"挑战"并存。一方面，进口方加强知识产权保护会有利于扩大中国植物类农产品出口种类和市场联系，即产生"跳板"效应；另一方面，在南北竞争中，进口方知识产权保护提升所带来的产权势力竞争会放大中国专利技术和植物品种权不足的短板，进而造成贸易"屏障"，抑制中国植物类农产品出口数量增长。我们需要认清的是，中国农业的高质量发展离不开国际大环境。对此，中国应破除传统农业发展体制的积弊，加快农业知识产权国际化发展战略布局调整，抓住国际农业科技与产业变革中的发展机遇，推进产品、市场层面的出口贸易广度增长。与此同时，面对国际市场竞争的挑战，中国要迎难而上，以国内育种资源和技术纽带为依托，激发育种创新体系，进而加快农业技术追赶步伐。

首先，中国要摸清国内种质资源的家底，搭建"发现—保护—培育—推广"的市场一体化体系，完善植物新品种保护的资源登记、交流共享、产业化开发有机衔接的利益联结机制和市场化运行机制，培养原始种质创新能力并提升种业研发体系的创新绩效，从而建立起核心品种优势和生物技术的知识产权防御策略，以更好地应对国际种业市场的激烈竞争。其次，中国要不断开展国内外种业市场调研，认清自身种业发展的弊端并借鉴国外成功经验，通过制定与国际接轨的知识产权保护制度标准，积极扩大国内植物品种向国际品种权申请转化的步伐，加快国内农业育种和促进贸易跨国企业成长，进而谋求在国际农产品贸易市场的竞争地位。最后，中国要对国内技术资源、生物资源、科研人才以及资本等要素进行全方位整合，通过跨国集团并购、对外直接投资以及服务贸易等手段，不断推动中国农产品"走出去"，制定中国农业国际化发展的阶段性任务，推行中国农业发展由"产品出口"的初级模式，发展到"技术、资本出口""跨国育种"的高级模式。

### （三）搭建国家或区域间产业联动和多边互惠机制

本书研究结论指出，知识产权保护对植物类农产品贸易的影响存在国家异质性特征，其更有利于发达国家的贸易市场挤入，而对于中国等发展中国家会形成"挤出"效应，抑制其出口增长，尤其当出口目的国为发达国家时，这种市场"挤出"效应更为显著。造成这种影响的主要原因，一方面是由于发展中国家产权劣势以及制度距离造成其比较优势培育不足；另一方面是由于发达经济体跨国巨头在加强知识产权保护下形成了技术壁垒限制，它们通过优质种质资源和关键专利技术的锁定，进而阻碍发展中国家农业研发和生产体系的发展。因此，面对世界农业领域内产权竞争"北强南弱"的不平衡局面以及跨国农业集团的知识产权攻势，中国应搭建与贸易伙伴国之间的产业联动和多边互惠机制，统筹协调种业自主研发、种质资源引进、专利技术转移与合作等创新模式，兼顾国内和国际市场的利益联结，收敛南北种业发展差距。

中国要加强与 UPOV 成员国间的种业技术合作交流，尤其是要建立国家和区域间的产业联动以及双边和多边惠益分享机制，合理利用外资并通过技术引进等手段开发国内种质资源，突破国外跨国垄断巨头的农业技术壁垒限制，提升国内农业研发体系的创新绩效和技术追赶速度。此外，中国要综合考虑出口目的国知识产权保护强度以及自身产品的比较优势，进而合理选择贸易伙伴：对于具有产权优势的产品，要稳定市场份额，进而最大化出口贸易收入；而对于产权劣势产品而言，在贸易深度增长受抑制的情况下，要积极转变出口贸易策略，可以通过多重贸易市场转移或者加强与发达国家跨国企业的产业发展合作和利益互换等形式，提高产权劣势农产品的出口抗风险能力。

### （四）践行农产品贸易网络多元化及多边主义发展

本书研究结论指出，出口方与进口方知识产权保护会分别产生"推力""拉力"两股相斥的作用机制，前者有助于降低国际农产品贸易依赖程度，而后者则加深了贸易依赖关系，二者共同决定着国际农产品贸易依赖网络结构演化。因此，中国加强知识产权保护建设要从整体贸易依赖网络关系的视角进行审视。全面坚持高水平开放的中国，在国际农产品贸易依赖网络中既是农产品出口大国，同样也是重要的进口贸易市场。对此，中国应全面协调处理在进、出口方市场角色上的定位，主动参与全球农业知识产权保护协作体系建设，在"推力"与"拉力"作用之间不断进行折中调整，践行农产品贸易网络多元化以及多边主义发展。

首先，面对国外知识产权保护抬高的产品质量准入门槛，"主动适应"比"被动调整"更为有效。中国应持续激活国内农业创新活力，通过加强立法和执法层面的农业知识产权保护体制建设，明确产权归属和利益分配机制，打破国内种业市场壁垒和地方保护主义，积极引导种业行业集聚，培育可抵抗国际贸易市场阻力的大型跨国种业集团，助推我国农产品出口"提质增量"，进而实现"内顺外畅"的农业高质量发展。其次，贸易依赖网络关系存在传递连通性、稳定性和变异性等多种内生特征，会形成贸易集群形式的网络结构。对此，中国应重视与多边贸易伙伴国的知识产权协作体系建设，通过在海外设立知识产权中介服务机构或者扩大对外投资等方式，加快本土植物品种权的海外申请与转化，熟悉目标市场知识产权保护制度规则，降低潜在的贸易摩擦与争端，助推农产品出口种类扩张以及出口市场分散化，进而提升我国在农产品贸易依赖网络中的枢纽地位，与多边贸易伙伴国形成长期、稳定的贸易依赖网络关系。最后，尽管在后 TRIPs 时期，国际农产品贸易依赖网络呈现出"多中心化"的发展趋势，但"逆全球化"的单边主义抬头以及新冠疫情的肆虐也加剧了全球粮食供应系统的脆弱性。因此，扩大进口产品种类及进口来源国数量对稳定国内粮食供需系统十分重要，可有效避免进口贸易的单边依赖性。中国可以充分发挥进口方知识产权保护所产生的市场扩张作用，通过抵制模仿替代威胁、维护品牌声誉以及"地理标识"认证等举措，刺激建立多元化的贸易市场新联系，扩充农产品的进口来源国数量。此外，中国还应积极开展有关农业知识产权问题的贸易谈判，不断优化农产品进口商品结构并提高产品质量，扩大优质种苗以及技术密集型农产品中间品、消费品的进口力度，这不仅有助于实施农产品进口多元化战略，其所形成的进口竞争创新、学习效应还会驱动国内育种创新体系的发展。

# 三、研究展望

本书基于国际农业知识产权保护制度演变的视角，系统评估了农业知识产权保护对植物类农产品贸易规模、产品质量和网络化结构等方面的影响，丰富了有关农业领域内知识产权保护贸易影响效应的理论与经验研究。当然，本书中的研究仍存在诸多不足之处，还有待于进一步拓展。

第一，知识产权保护制度差距的影响问题。本书重点考察了出口方与进口方农业知识产权保护的贸易影响效应，更多关注二者各自的独立影响特征，而忽略了对双向知识产权保护"协同作用"的诠释。虽然本书在经验研究中引入了制度差距指标变量并评估了其对农产品贸易的潜在影响，但并未从理论层面系统梳理贸易双方农业知识产权保护制度建设差距以及协同动态演变形势下的贸易影响问题。归根结底，贸易双方的相对政策变动始终贯穿于国际贸易竞争博弈之中。尤其是在南北动态均衡视角下，明晰发展中国家与发达国家间的知识产权保护制度建设差距的短期与长期影响，有助于发展中国家合理选择政策制定的介入时机和保护强度。因此，有必要从理论和实证层面全面考察知识产权保护制度距离对农产品贸易的影响，厘清和检验制度距离影响效应的存在性、方向、力度、确切的作用机制和异质性特征，这些问题的解决需要复杂、科学的数学推演以及翔实、严谨的数据提供支撑，这是未来研究的重点和难点。

第二，微观企业样本的经验研究证据。本书中的研究数据样本主要采用的是国家、产品层面的宏观数据，本书在研究中采用了多种统计方法和计量方法，虽然可以全面、有效地评估知识产权保护的贸易影响效应，但宏观数据应用会受"内生性"问题等诸多因素干扰，且无法深入揭示制度演变下微观企业层面的贸易决策。归根结底，宏观政策变动是服务于微观主体的发展的。因此，关于知识产权保护问题的研究应从微观层面进行深入剖析，将宏观政策变动与微观企业决策相结合，考察知识产权保护如何影响跨国企业的贸易行为，重点解析在不同的农业知识产权保护政策类型下的差异化影响。相对于宏观数据而言，有关农业跨国企业的微观数据获取相对困难，可通过海关数据库以及企业调研数据等途径获得，这也是未来研究要克服的数据难题。

第三，知识产权保护与国际金融资本相关研究。本书有关知识产权保护与农产品贸易研究的底层逻辑停留在商品市场层面，而忽视了金融市场层面的潜在影响。TRIPs 协定实施以来，世界知识产权保护协作体系的加深极大地推动了全球跨国种业公司的兼并重组趋势，尤其是欧美等发达经济体的种业行业集聚趋势，奠定了其在国际农产品贸易市场中的寡头垄断地位，这意味着知识产权保护会通过影响金融市场进而对农产品贸易产生深远的影响。此外，随着全球经济金融化、生物质能源以及生物工程的发展，农产品贸易市场、金融市场、能源市场以及研发市场之间的交叉联系更为紧密，这使粮食定价与金融产品价格、能源价格以及技术价格等之间的关联度不断提高，因而发达经济体的国际金融资本正不断角逐全球农业金融市场，进而造成了全球粮食价格波动、产业链垄断控制等不稳定因素。在此背景下，深入探讨知识产权保护对国际金融资本的影响，将有助于我们深刻认识全球农业国际分工和贸易竞争格局。对此，未来的研究会针对上述问题展开进一步研究和拓展。

# 参考文献

［1］ Conway G, Toenniessen G. Feeding the world in the twenty-first century ［J］. Nature, 1999, 402 （6761）: 55-58.

［2］ Godfray H C J, Beddington J R, Crute I R, et al. Food security: The challenge of feeding 9 billion people ［J］. Science, 2010, 327 （5967）: 812-818.

［3］ D'Odorico P, Carr J A, Laio F, et al. Feeding humanity through global food trade ［J］. Earth's Future, 2014, 2 （9）: 458-469.

［4］ Burkholz R, Schweitzer F. International crop trade networks: The impact of shocks and cascades ［J］. Environmental Research Letters, 2019, 14 （11）: 14013.

［5］ Dupas M C, Halloy J, Chatzimpiros P. Time dynamics and invariant subnetwork structures in the world cereals trade network ［J］. PLOS ONE, 2019, 14 （5）: 1-21.

［6］ FAO. The State of Food Insecurity in the World （2014） ［R］. Rome: FAO, 2014.

［7］ Olmstead A L, Rhode P W. Creating Abundance ［M］. Cambridge: Cambridge University Press, 2008.

［8］ Campi M, Marco D. Intellectual property rights and international trade of agricultural products ［J］. World Development, 2016 （80）: 1-18.

［9］Campi M. The effect of intellectual property rights on agricultural productivity［J］. Agricultural Economics，2017，48（3）：327-339.

［10］陈超，张明杨，章棋，等. 全球视角下植物新品种保护对我国种子出口贸易的影响分析［J］. 南京农业大学学报（社会科学版），2012，12（4）：70-76+132.

［11］Wright B D，Pardey P G. Changing intellectual property regimes：Implications for developing country agriculture［J］. International Journal of Technology & Globalisation，2006，2（1-2）：93-114.

［12］黄革生. 美国对植物的知识产权保护［J］. 知识产权，1997（1）：46-48.

［13］Campi M，Nuvolari A. Intellectual property protection in plant varieties：A worldwide index（1961 - 2011）［J］. Research Policy，2015，44（4）：951-964.

［14］FAO. The State of Food Insecurity in the World（2012）［R］. Rome：FAO，2012.

［15］Marchal V，Dellink R，Van Vuuren D，Clapp C，et al. Climate Change［M］//OECD Environmental Outlook to 2050：The Consequences of Inaction. Paris：OECD，2011.

［16］Maskus K E，Penubarti M. How trade-related are Intellectual Property Rights？［J］. Journal of International Economics，1995（39）：227-248.

［17］Kiedaisch C. Intellectual property rights in a quality-ladder model with persistent leadership［J］. European Economic Review，2015（80）：194-213.

［18］Ginarte J C，Park W G. Determinants of patent rights：A cross-national study［J］. Research Policy，1997，26（3）：283-301.

［19］Berry S T. Estimating discrete-choice models of product differentiation［J］. The RAND Journal of Economics，1994，25（2）：242-262.

［20］Diwan I，Rodrik D. Patents，appropriate technology，and North-South trade［J］. Journal of International Economics，1991，30（1-2）：27-47.

[21] Taylor M S. TRIPs, trade, and technology transfer [J]. Canadian Journal of Economics, 1993, 26 (3): 625-637.

[22] Maskus K E, Penubarti M. Patents and international trade: An empirical study [M]//Quiet pioneering: Robert M. Stern and his international economic legacy. Ann Arbor: University of Michigan Press, 1997: 95-118.

[23] Maskus K E. Intellectual Property Rights in the Global Economy [M]. Washington: Peterson Institute for International Economics, 2000.

[24] Dunning J H, McQueen M. The eclectic theory of international production: A case study of the international hotel industry [J]. Managerial and Decision Economics, 1981, 2 (4): 197-210.

[25] Smith P J. How do foreign patent rights affect US exports, affiliate sales, and licenses? [J]. Journal of International Economics, 2001, 55 (2): 411-439.

[26] Yang G, Maskus K E. Intellectual property rights and licensing: An econometric investigation [J]. Weltwirtschaftliches Archiv, 2001, 137 (1): 58-79.

[27] Fosfuri A. Patent protection, imitation and the mode of technology transfer [J]. International Journal of Industrial Organization, 2000, 18 (7): 1129-1149.

[28] Nair-Reichert U, Duncan R. Patent regimes, host country policies, and the nature of MNE activities [J]. Review of International Economics, 2008, 16 (4): 783-797.

[29] Wang K C A, Wang Y J, Liang W J. Intellectual property rights, international licensing and foreign direct investment [J]. Asia-Pacific Journal of Accounting & Economics, 2016, 23 (3): 291-305.

[30] Vichyanond J. Intellectual Property Protection and Patterns of Trade [R]. [Z]. Economics, Law · Research Papers in Economics, 2009.

[31] Awokuse T O, Yin H. Does stronger intellectual property rights protec-

tion induce more bilateral trade? Evidence from China's imports [J]. World Development, 2010, 38 (8): 1094-1104.

[32] Ivus O. Trade-related intellectual property rights: Industry variation and technology diffusion [J]. Canadian Journal of Economics/Revue canadienne d'économique, 2011, 44 (1): 201-226.

[33] Ivus O. The quantity, price and variety response of U.S. exports to stronger patent protection [Z]. Economics, Business Research Paper, 2012.

[34] Ivus O. Does stronger patent protection increase export variety? Evidence from U.S. product-level data [J]. Journal of International Business Studies, 2015, 46 (6): 724-731.

[35] Smith P J. Are Weak Patent Rights a Barrier to U.S. Exports? [J]. Journal of International Economics, 1999, 48 (1): 151-177.

[36] Rapp R T, Rozek R P. Benefits and costs of intellectual property protection in developing countries [J]. Journal of World Trade, 1990, 24 (5): 75-102.

[37] Rafiquzzaman M. The impact of patent rights on international trade: Evidence from Canada [J]. Canadian Journal of Economics/Revue canadienne d'économique, 2002, 35 (2): 307-330.

[38] Liegsalz J, Wagner S. Patent examination at the State Intellectual Property Office in China [J]. Research Policy, 2013, 42 (2): 552-563.

[39] 余长林. 知识产权保护. 东道国特征与出口贸易 [J]. 世界经济研究, 2010 (5): 39-44+51+88.

[40] Kabir M, Salim R. Is trade in electrical and electronic products sensitive to IPR protection? Evidence from China's exports [J]. Applied Economics, 2016, 48 (21): 1991-2005.

[41] Ferrantino M J. The effect of intellectual property rights on international trade and investment [J]. Weltwirtschaftliches Archiv, 1993, 129 (2): 300-331.

［42］ Maskus K E. The international regulation of intellectual property ［J］. Weltwirtschaftliches Archiv，1998，134：186−208.

［43］ Foster R J. Celebration of discipline ［M］. London：Hodder & Stoughton，2012.

［44］ Foster-McGregor N. Intellectual property rights and the margins of international trade ［J］. The Journal of International Trade & Economic Development，2014，23（1）：1−30.

［45］ 余长林. 知识产权保护如何影响了中国的出口边际 ［J］. 国际贸易问题，2015（9）：43−54.

［46］ 马凌远. 知识产权保护：扩张进口种类抑或增加进口数量？——基于中国产品层面进口数据的实证分析 ［J］. 世界经济研究，2015（10）：110−119+129.

［47］ 亢梅玲，马丹，李涛. 知识产权保护对中国出口种类、价格和数量的影响研究 ［J］. 国际商务（对外经济贸易大学学报），2016（4）：16−27.

［48］ 黄先海，胡馨月，陈航宇. 知识产权保护、创新模式选择与我国贸易扩展边际 ［J］. 国际贸易问题，2016（9）：110−120.

［49］ 韩剑，冯帆，李妍. FTA 知识产权保护与国际贸易：来自中国进出口贸易的证据 ［J］. 世界经济，2018，41（9）：51−74.

［50］ 刘钧霆，曲丽娜，佟继英. 进口国知识产权保护对中国高技术产品出口贸易的影响——基于三元边际的分析 ［J］. 经济经纬，2018，35（4）：65−71.

［51］ 魏浩，巫俊. 知识产权保护、进口贸易与创新型领军企业创新 ［J］. 金融研究，2018（9）：91−106.

［52］ Fink C，Braga C A P. How stronger protection of intellectual property rights affects international trade flows ［Z］. Policy Research Working Paper Series from The World Bank，1999.

［53］ Co C Y. Do Patent Rights Regimes Matter？ ［J］. Review of International

Economics, 2004, 12 (3): 359-373.

[54] Falvey R, Foster N, Greenaway D. Trade, imitative ability and intellectual property rights [J]. Review of World Economics, 2009, 145 (3): 373-404.

[55] Weng Y, Yang C H, Huang Y J. Intellectual property rights and U. S. information goods exports: The role of imitation threat [J]. Journal of Cultural Economics, 2009, 33 (2): 109-134.

[56] Fukui E T, Hammer A B, Jones L Z. Are U. S. exports influenced by stronger IPR protection measures in recipient markets? [J]. Business Horizons, 2013, 56 (2): 179-188.

[57] Maskus K E, Yang L. The impacts of post-TRIPs patent reforms on the structure of exports [Z]. RI-ETI Discussion Paper Series, 2013.

[58] Delgado M, Kyle M, McGahan A M. Intellectual property protection and the geography of trade [J]. The Journal of Industrial Economics, 2013, 61 (3): 733-762.

[59] Shin W, Lee K, Park W G. When an importer's protection of IPR interacts with an exporter's level of technology: Comparing the impacts on the exports of the North and South [J]. The World Economy, 2016, 39 (6): 772-802.

[60] Chen W. Do stronger intellectual property rights lead to more R&D-intensive imports? [J]. The Journal of International Trade & Economic Development, 2017, 26 (7): 865-883.

[61] 余长林. 知识产权保护与我国的进口贸易增长: 基于扩展贸易引力模型的经验分析 [J]. 管理世界, 2011 (6): 11-23.

[62] 马凌远. 知识产权保护与中国服务贸易进口增长 [J]. 科学学研究, 2014, 32 (3): 366-373.

[63] 郭小东, 吴宗书. 创意产品出口、模仿威胁与知识产权保护 [J]. 经济学 (季刊), 2014, 13 (3): 1239-1260.

［64］余长林. 知识产权保护与中国企业出口增长的二元边际［J］. 统计研究，2016，33（1）：35-44.

［65］宋伟良，王焱梅. 进口国知识产权保护对中国高技术产品出口的影响——基于贸易引力模型的扩展［J］. 宏观经济研究，2016（9）：162-175.

［66］翁润，马野青，代中强. 知识产权保护、模仿与技术贸易［J］. 经济经纬，2018，35（03）：50-58.

［67］代中强，梁俊伟，孙琪. 知识产权保护、经济发展与服务贸易出口技术复杂度［J］. 财贸经济，2015（7）：109-122.

［68］易靖韬，蔡菲莹. 企业创新与贸易方式转型：知识产权保护和贸易自由化的调节作用［J］. 中国软科学，2019（11）：119-128.

［69］李俊青，苗二森. 不完全契约条件下的知识产权保护与企业出口技术复杂度［J］. 中国工业经济，2018（12）：115-133.

［70］卿陶. 知识产权保护、贸易成本与企业出口产品质量［J］. 国际经贸探索，2020，36（3）：30-45.

［71］沈国兵，黄铄珺. 行业生产网络中知识产权保护与中国企业出口技术含量［J］. 世界经济，2019，42（9）：76-100.

［72］Liu Y，Park W G，Fu D. Export quality and patent protection：Stage-dependent effects in development［J］. Review of Development Economics，2021，25（2）：601-629.

［73］Arrow K. Economic welfare and the allocation of resources for invention［M］// The rate and direction of inventive activity：Economic and social factors. Princeton：Princeton University Press，1962.

［74］Romer P M. Endogenous technological change［J］. Journal of Political Economy，1990，98（5）：71-102.

［75］Helpman E. Innovation，imitation，and intellectual property rights［J］. Econometrica，1993，61（6）：1247-1280.

［76］Dosi G，Marengo L. Pasquali C. How much should society fuel the greed of innovators？：On the relations between appropriability, opportunities and rates of innovation [J]. Research Policy, 2006, 35 (8)：1110-1121.

[77] Cohen W M, Nelson R R, Walsh J P. Protecting their intellectual assets：Appropriability conditions and why US manufacturing firms patent（or not）[Z]. National Bureau of Economic Research Working Paper, 2000.

[78] 张峰, 黄玖立, 王睿. 政府管制、非正规部门与企业创新：来自制造业的实证依据 [J]. 管理世界, 2016 (2)：95-111+169.

[79] Moschini G C, Yerokhin O. Patents, research exemption, and the incentive for sequential innovation [J]. Journal of Economics & Management Strategy, 2008, 17 (2)：379-412.

[80] Lence S H, Hayes D J, Alston J M, et al. Intellectual property in plant breeding：Comparing different levels and forms of protection [J]. European Review of Agricultural Economics, 2016, 43 (1)：1-29.

[81] Pardey P, Koo B, Drew J, et al. The evolving landscape of plant varietal rights in the United States, 1930 - 2008 [J]. Nature Biotechnology, 2013, 31 (1)：25-29.

[82] Moser P, Rhode P W. Did plant patents create the American rose？ [M]. Chicago：University of Chicago Press, 2012.

[83] Xu Z, Hennessy D A, Sardana K, et al. The realized yield effect of genetically engineered crops：U. S. maize and soybean [J]. Crop Science, 2013, 53 (3)：735-745.

[84] Nolan, E, Santos, P. The contribution of genetic modification to changes in corn yield in the United States [J]. American Journal of Agricultural Economics, 2012, 94 (5)：1171-1188.

[85] Leibman M, Shryock J J, Clements M J, et al. Comparative analysis of maize（Zea mays）crop performance：natural variation, incremental improvements and economic impacts [J]. Plant Biotechnology Journal, 2014, 12 (7)：941-950.

［86］Qaim M，Zilberman D. Yield effects of genetically modified crops in developing countries［J］. Science，2003，299（5608）：900-902.

［87］黄钢. 新品种保护条例与中国种子产业发展［J］. 农业经济问题，2006（7）：45-48.

［88］Clancy M S，Moschini G. Intellectual property rights and the ascent of proprietary innovation in agriculture［J］. Annual Review of Resource Economics，2017（9）：53-74.

［89］Dutfield G. Intellectual property rights and the life science industries：Past，present and future［M］. Singapore：World Scientific，2009.

［90］Kloppenburg J R. First the seed：The political economy of plant biotechnology［M］. Madison：University of Wisconsin Press，2005.

［91］Boldrin M，Levine D K. Perfectly competitive innovation［J］. Journal of Monetary Economics，2008，55（3）：435-453.

［92］周绪晨，宋敏. 中国植物新品种保护事业国际化发展研究［J］. 中国软科学，2019（1）：20-30.

［93］Perrin R K，Fulginiti L E. Pricing and welfare impacts of new crop traits：The role of IPRs and coase's conjecture revisited［J］. AgBioForum，2008，11（2）：134-144.

［94］Malla S，Phillips G P. Gains to research in the presence of intellectual property rights and research subsidies［J］. Review of Agricultural Economics，2004，26（1）：63-81.

［95］邓武红. 国际农业植物新品种知识产权保护格局探析及启示——基于 WTO-TRIPs/UPOV 模式的分析［J］. 中国农业大学学报（社会科学版），2007（1）：172-180.

［96］Moschini G，Yerokhin O. The economic incentive to innovate in plants：patents and plant breeders' rights［Z］. ISU General Staff Papers，2007.

［97］李菊丹. 论 UPOV1991 对中国植物新品种保护的影响及对策［J］. 河北法学，2015，33（12）：98-112.

[98] Naseem A, Oehmke J F, Schimmelpfennig D E. Does plant variety intellectual property protection improve farm productivity? Evidence from cotton varieties [J]. AgBioForum, 2005, 8 (2): 100-107.

[99] Kolady D E, Lesser W. But are they meritorious? Genetic productivity gains under plant intellectual property rights [J]. Journal of Agricultural Economics, 2009, 60 (1): 62-79.

[100] 黄武, 林祥明. 植物新品种保护对育种者研发行为影响的实证研究 [J]. 中国农村经济, 2007 (4): 69-74.

[101] 刘辉, 许慧. 植物新品种权制度对农业技术创新主体申请量影响的实证分析 [J]. 软科学, 2010, 24 (4): 24-28.

[102] Payumo J, Grimes H, Wandschneider P. Status of national intellectual property rights (IPRs) systems and its impact to agricultural development: a time series cross section data analysis of TRIPs member-countries [J]. International Journal of Intellectual Property Management, 2012, 5 (1): 82-99.

[103] Spielman D J, Ma X. Private sector incentives and the diffusion of agricultural technology: Evidence from developing countries [J]. The Journal of Development Studies, 2016, 52 (5): 696-717.

[104] Perrin R K. Intellectual property rights and developing country agriculture [J]. Agricultural Economics, 1999, 21 (3): 221-229.

[105] Alston J M, Venner R J. The effects of the US Plant Variety Protection Act on wheat genetic improvement [J]. Research Policy, 2002, 31 (4): 527-542.

[106] Léger A. Intellectual property rights in Mexico: Do they play a role? [J]. World Development, 2005, 33 (11): 1865-1879.

[107] 孙炜琳, 王瑞波. 农业植物新品种保护面临的瓶颈及原因探析——基于参与主体的角度 [J]. 农业经济问题, 2008 (12): 19-25.

[108] Moser P, Ohmstedt J, Rhode P W. Patent citations and the size of patented inventions: evidence from hybrid corn [Z]. NBER Working Papers, 2015.

［109］Heller M A, Eisenberg R S. Can patents deter innovations? The anticommons in biomedical research ［J］. Science, 1998, 280 (5364): 698-701.

［110］Shapiro C. Navigating the patent thicket: Cross licenses, patent pools, and standard setting ［J］. Innovation Policy and the Economy, 2000 (1): 119-150.

［111］Graff G D, Rausser G C, Small A A. Agricultural biotechnology's complementary intellectual asset ［J］. The Review of Economics and Statistics, 2003, 85 (2): 349-363.

［112］Marco A C, Rausser G C. The role of patent rights in mergers: consolidation in plant biotechnology ［J］. American journal of agricultural economics, 2008, 90 (1): 133-151.

［113］任静, 邹婉依, 宋敏. 跨国种业公司并购形成的国际种业竞争新格局变化趋势研究——以知识产权为例 ［J］. 中国生物工程杂志, 2019, 39 (7): 108-117.

［114］Sylvie B. Corporate concentration and technological change in the global seed industry ［J］. Sustainability, 2017, 9 (9): 1632.

［115］尹成杰. 农业跨国公司与农业国际化的双重影响 ［J］. 农业经济问题, 2010, 31 (3): 4-10+110.

［116］Fuglie K O, Toole A A. The evolving institutional structure of public and private agricultural research ［J］. American Journal of Agricultural Economics, 2014, 96 (3): 862-883.

［117］Pray C E, Fuglie K. Agricultural research by the private sector ［J］. Annual Review of Resource Economics, 2015, 7 (1): 399-424.

［118］Fuglie K. The growing role of the private sector in agricultural research and development world-wide ［J］. Global Food Security, 2016 (10): 29-38.

［119］张琳琛, 董银果. "跳板"抑或"屏障"?——进口国知识产权保护对中国植物类农产品出口贸易的影响 ［J］. 中国农村经济, 2020 (8): 124-144.

［120］Yang C H, Woo R J. Do stronger intellectual property rights induce more agricultural trade？: a dynamic panel data model applied to seed trade ［J］. Agricultural Economics, 2006, 35（1）: 91-101.

［121］Eaton D J F. Trade and intellectual property rights in the agricultural seed sector ［Z］. Centre for International Environmental Studies Research Paper, 2013.

［122］Galushko V. Do stronger intellectual property rights promote seed exchange: evidence from U. S. seed exports? ［J］. Agricultural Economics, 2012（43）: 59-71.

［123］谭涛, 张明杨. 基于UPOV植物新品种保护对我国蔬菜种子出口贸易的影响分析 ［J］. 农业技术经济, 2012（12）: 88-97.

［124］Zhou M, Sheldon I, Eum J. The role of intellectual property rights in seed technology transfer through trade: evidence from U. S. field crop seed exports ［J］. Agricultural Economics, 2018, 49（4）: 423-434.

［125］Huffman W E, Evenson R E. Science for agriculture: A long-term perspective ［M］. New Jersey: John Wiley & Sons, 2008.

［126］Alston J M, Andersen M A, James J S, et al. Persistence pays: U. S. agricultural productivity growth and the benefits from public R&D spending ［M］. Berlin: Springer Science & Business Media, 2009.

［127］Kloppenburg J R. First the Seed: The Political Economy of Plant Biotechnology ［M］. Madison: The Wisconsin University Press, 2004.

［128］李菊丹. 欧洲专利局植物发明专利保护实践及启示 ［J］. 中国生物工程杂志, 2013, 33（5）: 139-147.

［129］李菊丹. 论我国植物发明专利保护制度的完善——兼论专利制度与植物新品种保护制度的关系 ［J］. 河北法学, 2017, 35（4）: 2-18.

［130］Brandl K, Darendeli I, Mudambi R. Foreign actors and intellectual property protection regulations in developing countries ［J］. Journal of International Business Studies, 2019, 50（5）: 826-846.

［131］Janis M D. Patenting plants：A comparative synthesis ［M］//Okediji R，Bagley M A. Patent Law in Global Perspective. Oxford：Oxford University Press，2014：213-242.

［132］Larochedupraz C，Huchetbourdon M. Agricultural support and vulnerability of food security to trade in developing countries ［J］. Food Security，2016，8 （6）：1191-1206.

［133］Spielman D J. Pro-poor agricultural biotechnology：Can the international research system deliver the goods? ［J］. Food Policy，2007，32 （2）：189-204.

［134］孙林，周科选，蒋鑫琳，等. 地理标志的地区质量声誉对中国企业食品出口的影响 ［J］. 学习与实践，2019 （12）：55-65.

［135］Campi M. The Co-Evolution of Science and Law in Plant Breeding：Incentives to Innovate and Access to Biological Resources ［J］. Journal of Intellectual Property Rights，2018，23 （4）：198-210.

［136］黄先海，卿陶. 双向知识产权保护与企业出口动态 ［J］. 财贸经济，2020，41 （4）：99-114.

［137］杨静，陈亮，冯卓. 国际农业垄断资本对发展中国家粮食安全影响的分析——兼对保障中国粮食安全的思考 ［J］. 中国农村经济，2017 （4）：75-87.

［138］Dal Bianco A，Boatto V L，Caracciolo F，et al. Tariffs and non-tariff frictions in the world wine trade ［J］. European Review of Agricultural Economics，2016，43 （1）：31-57.

［139］Helpman E，Melitz M，Rubinstein Y. Estimating Trade Flows：Trading Partners and Trading Volumes ［J］. The Quarterly Journal of Economics，2008，123 （2）：441-487.

［140］Santos S J，Tenreyro S. The log of gravity ［J］. The Review of Economics and Statistics，2006，88 （4）：641-658.

［141］Santos S J，Tenreyro S. On the existence of the maximum likelihood estimates in Poisson regression ［J］. Economics Letters，2010，107 （2）：310-312.

［142］Burger M，Van Oort F，Linders G J. On the specification of the gravity model of trade：Zeros，excess zeros and zero-inflated estimation ［J］. Spatial Economic Analysis，2009，4（2）：167-190.

［143］Santos S J，Tenreyro S. Further simulation evidence on the performance of the poisson pseudo-maximum likelihood estimator ［J］. Economics Letters，2011，112（2）：220-222.

［144］Katz E. Bias in conditional and unconditional fixed effects logit estimation ［J］. Political Analysis，2001，9（4）：379-384.

［145］赵海燕，何忠伟. 中国大国农业国际竞争力的演变及对策：以蔬菜产业为例 ［J］. 国际贸易问题，2013（7）：3-14.

［146］Melitz M J. The impact of trade on intra-industry reallocations and aggregate industry productivity ［J］. Econometrica，2003，71（6）：1695-1725.

［147］Ivus O. Do stronger patent rights raise high-tech exports to the developing world? ［J］. Journal of International Economics，2010，81（1）：38-47.

［148］王磊，刘丽军，宋敏. 基于种业市场份额的中国种业国际竞争力分析 ［J］. 中国农业科学，2014，47（4）：796-805.

［149］Anderson J E，Van Wincoop E. Gravity with gravitas：A solution to the border puzzle ［J］. The American Economic Review，2003，93（1）：170-192.

［150］Baier S L，Bergstrand J H. Bonus vetus OLS：A simple method for approximating international trade-cost effects using the gravity equation ［J］. Journal of International Economics，2009，77（1）：77-85.

［151］Gwartney J，Lawson R，Hall J. Economic Freedom of the World 2016 Annual Report ［R］. Vancouver：Fraser Institute，2016.

［152］Martinez-Zarzoso I. The Log of Gravity Revisited ［J］. Applied Economics，2013，45（3）：311-327.

［153］黄新飞，舒元，徐裕敏. 制度距离与跨国收入差距 ［J］. 经济研究，2013，48（9）：4-16.

［154］毛世平，杨艳丽，林青宁．改革开放以来我国农业科技创新政策的演变及效果评价——来自我国农业科研机构的经验证据［J］．农业经济问题，2019（1）：73-85．

［155］熊桉．农业科技成果转化：从外生向内生转变的机制与模式研究［J］．农业技术经济，2019（11）：83-92．

［156］Acemoglu D，Akcigit U. Intellectual property rights policy，competition and innovation［J］．Journal of the European Economic Association，2012，10（1）：1-42．

［157］Aghion P，Harris C，Howitt P，et al. Competition，Imitation and Growth with Step－by－Step Innovation［J］．The Review of Economic Studies，2001，68（3）：467-492．

［158］Segerstrom P S. Intel economics［J］．International Economic Review，2007，48（1）：247-280．

［159］Ledezma I. Defensive Strategies in the Quality Ladders［J］．Journal of Economic Dynamics and Control，2013，37（1）：176-194．

［160］Hallak J C. Product quality and the direction of trade［J］．Journal of International Economics，2006，68（1）：238-265．

［161］Hummels D，Klenow P J. The variety and quality of a nation's exports［J］．American Economic Review，2005，95（3）：704-723．

［162］Schott P K. Across-product versus within-product specialization in international trade［J］．The Quarterly Journal of Economics，2004，119（2）：647-678．

［163］Shi B. Extensive margin，quantity and price in China's export growth［J］．China Economic Review，2011，22（2）：233-243．

［164］Xu B. The sophistication of exports：Is China special？［J］．China Economic Review，2010，21（3）：482-493．

［165］Feenstra R C，Romalis J. International prices and endogenous quality［J］．The Quarterly Journal of Economics，2014，129（2）：477-527．

[166] 高小龙. 地区质量声誉对中国农产品出口贸易影响研究 [M]. 北京：经济科学出版社，2024.

[167] Khandelwal A. The long and short（of）quality ladders [J]. The Review of Economic Studies, 2010, 77 (4)：1450-1476.

[168] 陈保启，毛日昇. 中国国际贸易水平的测度分析——基于出口产品质量的主要经济体间比较 [J]. 数量经济技术经济研究，2018, 35 (4)：20-40.

[169] Hummels D, Skiba A. Shipping the good apples out? An empirical confirmation of the Alchian-Allen conjecture [J]. Journal of Political Economy, 2004, 112 (6)：1384-1402.

[170] Gaulier G, Zignago S. BACI：International Trade Database at the Product-level：The 1994~2007 Version [Z]. CEPII Working Paper, 2010.

[171] 王明益. 中国出口产品质量提高了吗 [J]. 统计研究，2014, 31 (5)：24-31.

[172] 董银果，李圳. SPS 措施：贸易壁垒还是贸易催化剂——基于发达国家农产品进口数据的经验分析 [J]. 浙江大学学报（人文社会科学版），2015, 45 (2)：34-45.

[173] Baldwin R E, Ito T. Quality Competiton versus Price Competition Goods：An Empirical Classification [J]. Journal of Economic Integration, 2011, 26 (1)：110-135.

[174] Regmi A, Gehlhar M J, Wainio J, et al. Market access for high-value foods [Z]. Agricultural Economic Reports 33999, United States Department of Agriculture, Economic Research Service, 2005.

[175] Torreggiani S, Mangioni G, Puma M J, et al. Identifying the Community Structure of the International Food-Trade Multi-Network [J]. Environmental Research Letters, 2018 (13)：1-14.

[176] Dithmer J, Abdulai A. Does Trade Openness Contribute to Food Security? A Dynamic Panel Analysis [J]. Food Policy, 2017 (69)：218-230.

［177］吕越，尉亚宁．全球价值链下的企业贸易网络和出口国内附加值［J］．世界经济，2020，43（12）：50-75.

［178］刘林青，闫小斐，杨理斯，等．国际贸易依赖网络的演化及内生机制研究［J］．中国工业经济，2021（2）：98-116.

［179］Brown W A. The International Gold Standard Reinterpreted，1914-1934［M］．New York：National Bureau of Economic Research，1940.

［180］Frankel J A. Regional Trading Blocs in the World Economic System［M］．Washington：Peterson Institute for International Economics，1997.

［181］Baldwin R E. The Spoke Trap：Hub and Spoke Bilateralism in East Asia［Z］．NCCR Trade Working Paper，2009.

［182］Iapadre L，Tironi F. Measuring Trade Regionalisation：The Case of Asia［Z］．UNU-CRIS Working Paper，2009.

［183］Xia J. Mutual Dependence，Partner Substitutability and Repeated Partnership：The Survival of Cross-Border Alliances［J］．Strategic Management Journal，2011，32（3）：229-253.

［184］De Benedictis L，Nenci S，Santoni G，et al. Network analysis of world trade using the BACI-CEPII dataset［J］．Global Economy Journal，2014，14（3-4）：287-343.

［185］刘建．基于社会网络的国际原油贸易格局演化研究［J］．国际贸易问题，2013（12）：48-57.

［186］Pan Z. Varieties of Intergovernmental Organization Memberships and Structural Effects in the World Trade Network［J］．Advances in Complex Systems，2018，21（2）：1-30.

［187］Kali R，Reyes J. Financial Contagion on the International Trade Network［J］．Economic Inquiry，2010，48（4）：1072-1101.

［188］刘林青，陈紫若，田毕飞．结构依赖如何影响贸易网络形成及演化：以"一带一路"为例［J］．世界经济研究，2020（6）：106-120+137.

［189］唐晓彬，崔茂生．"一带一路"货物贸易网络结构动态变化及其

影响机制［J］. 财经研究, 2020, 46（7）: 138-153.

［190］Smith M, Gorgoni S, Cronin B. International production and trade in a high-tech industry: A multilevel network analysis［J］. Social Networks, 2019（59）: 50-60.

［191］Matous P, Wang P, Lau L. Who benefits from network intervention programs? TERGM analysis across ten Philippine low-income communities［J］. Social Networks, 2021（65）: 110-123.

［192］Cranmer S J, Desmarais B A. Inferential network analysis with exponential random graph models［J］. Political Analysis, 2011, 19（1）: 66-86.

［193］Wu G, Feng L, Peres M, et al. Do self-organization and relational embeddedness influence free trade agreements network formation? Evidence from an exponential random graph model［J］. The Journal of International Trade & Economic Development, 2020, 29（8）: 995-1017.

［194］Leifeld P, Cranmer S J, Desmarais B A. Temporal exponential random graph models with btergm: Estimation and bootstrap confidence intervals［J］. Journal of Statistical Software, 2018, 83（6）: 1-36.

［195］Hanneke S, Fu W J, Xing E P. Discrete temporal models of social networks［J］. Electronic Journal of Statistics, 2010（4）: 585-605.

［196］Krivitsky P N, Handcock M S. A separable model for dynamic networks［J］. Journal of the Royal Statistical Society: Series B（Statistical Methodology）, 2014, 76（1）: 29-46.

［197］Graif C, Alina L, Alyssa M Y. Neighborhood isolation in Chicago: Violent crime effects on structural isolation and homophily in inter-neighborhood commuting networks［J］. Social Networks, 2017（51）: 40-59.

［198］Desmarais B A, Cranmer S J. Statistical mechanics of networks: Estimation and uncertainty［J］. Physica A: Statistical Mechanics and Its Applications, 2012, 391（4）: 1865-1876

［199］Song H, Cho J, Benefield G. A. The Dynamics of Message Selection

in Online Political Discussion Forums：Self－Segregation or Diverse Exposure？
［J］．Communication Research，2020，47（1）：125-152．

［200］许和连，孙天阳，成丽红．"一带一路"高端制造业贸易格局及影响因素研究——基于复杂网络的指数随机图分析［J］．财贸经济，2015（12）：74-88．

［201］Hunter D. R. Curved Exponential Family Models for Social Networks［J］．Social Networks，2007，29（2）：216-230．

［202］Jacomy M，Venturini T，Heymann S，et al. ForceAtlas2，a continuous graph layout algorithm for handy network visualization designed for the Gephi software［J］．PLOS ONE，2014，9（6）：1-12．

［203］Lee E. A Theory of Migration［J］．Demography，1966，3（1）：47-57．

［204］Naseem A，Spielman D J，Omamo S W. Private-sector investment in R&D：A review of policy options to promote its growth in developing-country agriculture［J］．Agribusiness，2010，26（1）：143-173．

［205］张琳琛，董银果．植物新品种保护有利于缩小南北农业生产率差距吗？［J］．当代经济科学，2021，43（3）：56-67．

［206］张琳琛，董银果．外商投资对发展中国家粮食安全的影响［J］．华南农业大学学报（社会科学版），2021，20（2）：95-106．

［207］Westerlund J，Wilhelmsson F. Estimating the gravity model without gravity using panel data［J］．Applied Economics，2011，43（6）：641-649．

［208］施炳展．中国出口增长的三元边际［J］．经济学（季刊），2010，9（4）：1311-1330．

［209］董银果，黄俊闻．中国出口农产品质量测度——基于嵌套 Logit 模型［J］．中国农村经济，2016（11）：30-43．

［210］Cadot O，Carrère C，Strauss-Kahn V. Export Diversification：What's behind the Hump？［J］．Review of Economics and Statistics，2011，93（2）：590-605．

Online Political Discussion Forums: Self-categorization in Political Expression
[J]. Communication Research, 2015, 47（1）: 125-151.

[19] 陈甬军, 胡德宝. 城镇化"第一推动力"——市场一体化视角下的经济增长
. 社会科学文献出版社的若干范式和路径的思考探究[J]. 学术月刊, 2013, 45
（12）: 5-32.

[20] Hoover B R. General Ecogonomic Profit of the Country [J]. American
. Social Member, 2012, 29（12）: 215-254.

[21] Sabio A, Vicente F, Berreman S. Commercial correlation between
cereal for the production of liquid natural vegetasidon burners in the Region
Canarias [J]. FAO, 2012, 30.

[22] TEC A, Brown M J, Laustsen T. Efficiency fishing of between wisdon

# 附 录

[19]
[20]
[21]
[22]

## 附录1　样本国家范围

| 国家类型 | 国家名称 |
|---|---|
| 发展中国家组 | 中国、阿根廷、巴巴多斯、伯利兹、玻利维亚（多民族国）、巴西、文莱达鲁萨兰国、柬埔寨、智利、哥伦比亚、哥斯达黎加、多米尼克、多米尼加共和国、厄瓜多尔、埃及、埃塞俄比亚、格鲁吉亚、印度、印度尼西亚、伊朗、伊拉克、以色列、约旦、肯尼亚、老挝、马来西亚、墨西哥、摩洛哥、莫桑比克、缅甸、尼加拉瓜、阿曼、巴基斯坦、巴拿马、巴拉圭、秘鲁、菲律宾、大韩民国、卢旺达、沙特阿拉伯、新加坡、南非、泰国、特立尼达和多巴哥、突尼斯、土耳其、阿拉伯联合酋长国、坦桑尼亚联合共和国、乌拉圭、越南、赞比亚、津巴布韦、阿尔巴尼亚、阿尔及利亚、亚美尼亚、阿塞拜疆白俄罗斯、波斯尼亚和黑塞哥维那、克罗地亚、哈萨克斯坦、吉尔吉斯斯坦、北马其顿、摩尔多瓦共和国、俄罗斯联邦、泰国、土库曼斯坦、乌克兰、乌兹别克斯坦 |
| 发达国家组 | 澳大利亚、奥地利、比利时、保加利亚、加拿大、塞浦路斯、捷克共和国、丹麦、爱沙尼亚、芬兰、法国、德国、匈牙利、冰岛、爱尔兰、意大利、日本、拉脱维亚、立陶宛、马耳他、荷兰、新西兰、挪威、波兰、葡萄牙、罗马尼亚、斯洛伐克、斯洛文尼亚、西班牙、瑞典、瑞士、英国、美国 |

## 附录2　植物类农产品范围（HS6分位编码）

| | HS编码 | 范围 | 产品 |
|---|---|---|---|
| 植物类农产品 | 章节 | 06_ | 活树和其他植物；鳞茎、根以及相似品等；插花和观赏植物 |
| | 章节 | 07_ | 食用蔬菜、部分根和块茎 |
| | 章节 | 08_ | 食用水果和坚果；柑橘类水果或甜瓜果皮 |
| | 章节 | 09_ | 咖啡，茶，马黛茶和香料 |
| | 章节 | 10_ | 谷物 |

| | HS 编码 | 范围 | 产品 |
|---|---|---|---|
| 植物类农产品 | 章节 | 11_ | 制粉工业产品；麦芽；淀粉；菊粉；小麦面筋 |
| | 章节 | 12_ | 含油籽和果实；杂粮，种子和水果；工业或药用植物；稻草和饲料 |
| | 章节 | 13_ | 虫胶；树胶，树脂和其他蔬菜汁和提取物 |
| | 章节 | 14_ | 编结用植物材料；植物产品（其他未指明或包含） |
| | 章节 | 17 | 糖和糖食 |
| | 章节 | 18 | 可可和可可制剂 |
| | 章节 | 19 | 谷物、面粉、淀粉或乳制品；糕点 |
| | 章节 | 20 | 蔬菜、水果、坚果或其他植物制品 |
| | 章节 | 21 | 杂项食品 |
| | 章节 | 22 | 饮料、酒、醋 |
| | 章节 | 24 | 烟草和人造烟草替代品 |

# 后　记

本书主要凝聚了作者攻读博士阶段的研究成果，饮水思源，这里谨将致谢附在结尾，由衷之言，聊表寸心。

自本书草成，已有一段时日，致谢拖延至今却依然零散不成篇，倒像是比正文写作还难上几分。草文之路难免让人心生倦意，但行文至此，感觉这一过程弥足珍贵。我以有限的经济学认知竭力解读和探索"研究领域"内的经济问题，虽唯日孜孜，但仍有管窥一斑之感。落笔文成，固然得意，但碍于才华肤浅，也自觉卑微，深感致知在格物，仍需再接再厉。

酝酿至今，时常自嘲，"我也是个高学历、有学问的人了"，年近而立之年，依然还是一名学生。原以为完成博士学业会十分欣悦，未料对前路的期待却没有抵过对华理学涯的不舍。2018年秋至2021年冬，我在华东理工大学商学院沐得三载求学光阴，寒来暑往，回首往昔，不禁五味杂陈。几多纠结，几多果决，几多山穷水尽，几多柳暗花明，各种滋味，却也无法细说。光阴不复，长也好，短也罢，这份回忆萦绕心头，感恩华理。

"人并非生而为人，教而为人。"今日成我，离不开教我之师。硕导张教授引我入学门，博导董教授则助我登堂。犹记当年初次拜访董先生时，正值夏初，短暂相见，抵掌而谈。今日忆起，恍如昨日。董先生不以余懦愚，收我为徒，让我有幸在其门下深造，春风贯耳，促我精进不止。彼时方头不劣，志大才疏，常失之惰怠，多劳先生费神，如今忆起，愧悔无地。二位先生的人品、学识，皆是我辈楷模，知遇恩情铭记心中，感恩师长。

　　辛卯以来，离家游学淄州、沪上，迄今已十余年，而今父母鬓白，不胜今昔。"父兮生我，母兮鞠我。抚我畜我，长我育我，顾我复我，出入腹我。"欲报之德，然吾深知，春晖之恩，难以报全。"爱子心无尽，归家喜及辰。"唯愿今后，承欢慈母前，常伴二老。言语太轻，难以尽意，春晖朝霭深埋心底，感恩爹娘。

　　学海无涯，研途漫漫，可我并不想以苦为舟。所幸，晚遇佳人，伴我月夜漫步，常令我内心安定。此后，人间有梦。

　　唠叨至此，皆是肺腑之言。来去都是自由风，人生海海，旧事终须一别。后会有期，祝好！